ABA
入门

问题行为应对
实战图解

［日］井泽信三／著
任文心 秋爸爸／译

発達障害のある人の問題となる
行動を解決するための理論と実践
応用行動分析学をベースにした相談支援

华夏出版社
HUAXIA PUBLISHING HOUSE

HATTATSUSHOGAI NO ARU HITO NO MONDAI TO NARU KODO
WO KAIKETSUSURU TAME NO RIRON TO JISSEN
Copyright © 2022 Shinzo Isawa
Chinese translation rights in simplified characters arranged with Airi
Publishing Company through Japan UNI Agency, Inc., Tokyo

北京市版权局著作权合同登记号：图字01-2023-5646号

图书在版编目（CIP）数据

问题行为应对实战图解 / （日）井泽信三著 ; 任文心, 秋爸爸译. -- 北京 : 华夏出版社有限公司, 2025. -- （ABA入门）. -- ISBN 978-7-5222-0831-2

Ⅰ. G766-64

中国国家版本馆CIP数据核字第2024L9965E号

问题行为应对实战图解

作　　者	[日]井泽信三
译　　者	任文心　秋爸爸
责任编辑	张冬爽　贾晨娜
责任印制	顾瑞清
出版发行	华夏出版社有限公司
经　　销	新华书店
印　　装	三河市少明印务有限公司
版　　次	2025年3月北京第1版　2025年3月北京第1次印刷
开　　本	787×1092　1/16开
印　　张	7
字　　数	122千字
定　　价	39.00元

华夏出版社有限公司　地址：北京市东直门外香河园北里4号　邮编：100028
网址：www.hxph.com.cn　电话：（010）64663331（转）
若发现本版图书有印装质量问题，请与我社营销中心联系调换。

中文版推荐序

日本与中国一衣带水，两国关系源远流长，文化交流密不可分。日本从古代起就以中国为师，接受华夏文明各方面的滋养，但到了近代，随着西方文明的进入，两国走上各自不同的发展道路。明治维新之后的日本全面、彻底地向西方优秀者学习，快速崛起成亚洲乃至世界的先进国家，而同一时期的中国却徘徊在守旧与变法的抉择中，长时间处于发展中国家行列，直到改革开放才取得巨大的发展成就。

中日文化交流方向也从近代开始起了变化，大量现代化的概念和知识从日本传入并逐渐融入华夏文化中，一个典型例子就是现代汉语中引入了大量的日语汉字词汇，其中就包括"自闭症"这个词。这类词汇数量之多，范围之广，程度之深，已经与现代汉语融在了一起，有力地促进了"西学"的传播，对中国走向现代化的进程起到了巨大的推动作用。

我从少年时期开始就有像《铁臂阿童木》这样的日本动画片陪伴，大学的专业学习中也直接接受过日本教授的指导。我家秋妈一直在日企工作，怀秋歌、秋语时，她看的孕产指导书也是一本日本译作，其图文并茂的排版风格，科学严谨且贴近生活的内容，解决了我家从孕前到孩子生长至一岁这期间的各方面的问题。

进入孤独症圈子之后，同样地，我很早就看到了日本的特殊教育资料，印象最深的是前辈旅日家长王宁翻译的柚木馥、白崎研司所著的《发育障碍儿童诊断与训练指导》，这本全面而细致的教育指导书，在二十年前资料匮乏的年代，对我们家长的指导意义重大。孤独症圈里有很多在日华人家长，在多年的网上交流中，他们向我介绍了很多日本优秀的行为干预图书，我翻看之后感觉很棒，于是挑选了几本优秀的实战指导用书，约请几位在日的华人家长翻译成中文，他们都有一颗同命相连的助人之心，乐意奉献出自己的一份力量，希望这些清晰生动的实战书籍能帮助到国内的家长。

前两年我们先选译了四本应用行为分析（Applied Behavior Analysis, ABA）入门图书，它们分别侧重于四个干预方向，覆盖不同的孤独症干预应用阶段，国内家长参考其中的内容，都能迅速学习上手，付诸实践。

《早期密集训练实战图解》是一本指导家长进行 ABA 实操训练入门的生动的图解书，用于帮助家长启动居家干预训练。

《影子老师实战指南》是一本指导家长或者影子老师在幼儿园或小学集体环境中，运用 ABA 技术帮助孩子融合成长的实战方案用书。

《家庭干预实战指南》是一本指导家长在居家环境中，从 ABA 的视角看待孤独症行为特征，全面开展居家干预的指南用书，该书着重讲解了家长在日常生活中帮助孩子进步的方法。

《成人安置机构 ABA 实战指南》是一本介绍针对大龄孤独症孩子的 ABA 干预策略实战指南，以实战案例重点讲解了在成人安置机构中如何运用行为干预技术应对常见挑战。

这四本书出版后收到了大量反馈，家长和老师表达的收获和好评让我及在日家长受到了鼓舞，于是我们又挑选出了两本最新的日本行为干预书籍，加入"ABA 入门"系列。

《融合幼儿园教师实战图解》是一本讲解如何在普通幼儿园环境中为孤独症儿童提供支持的书，可以帮助幼儿园老师更积极地面对挑战，找到更有效的应对方法。

《问题行为应对实战图解》是一本专门解读孤独症儿童常见问题行为的书，帮助我们从 ABA 视角观察和看待问题行为，并给出切实可行的减少问题行为的具体实操方案。

我之所以非常喜欢这六本书，是因为它们有以下几个共同的特点：

1. 纯净不杂。它们都是纯净的 ABA 技术实操指南，不掺杂其他"看上去很美"的非行为干预的方法，透着非常严谨认真的治学态度。

2. 实战经验。几位作者讲解通用的干预技术时，都结合了自己一线实战的切身体验，而不只是泛泛地照本宣科。他们在书中列举了很多贴近真实生活的应用方案，并对各种现实难点做了细致讲解。

3. 从零开始。这几本书都是面向零基础读者的指导用书，即使读者对 ABA 并不熟悉，拿起其中任何一本，阅读完之后也都可以入门行为分析这门科学，并能快速将学到的理论知识运用到自己的实践之中。

4. 日系风格。排版风格生动直观，易读易懂，每本书都有大量漫画配图，尤其是《早期密集训练实战图解》，通过大量且表达准确的日系漫画讲解了 ABA 基础知识和桌面教学细节，这非常少见。此书之所以能做到这点，是因为漫画在日本的普及，而且我从该书的作者那里了解到，身为 ABA 专业人士，作者自己就能先行画出草稿，再与专业画师开展细致的讨论，几易其稿，从而确保漫画内容的精准传神。

日本人的行事风格有很多地方值得我们学习，他们往往做事严谨认真，一板一眼，甚至有时会被打趣为一种"刻板"特征。我在与日本学者的很多接触中，深深体会到了这种行事风格的可贵之处，钦佩这种专注与认真的精神。如很多现代科技一样，ABA 诞生于西方，而在向先进者学习的过程中，日本人的态度非常虚心，他们深耕细作，精益求精，很少会抱着投机取巧的心思。在这里，我不由得提醒自己，也希望其他的国内家长在干预过程中学习这些优点，摒弃我们自己身上经常出现的那种好高骛远、浅尝即止、这山望着那山高的心态，甚至有时会出现盲目自我拔高、随意搞本土特色式杂糅的做法，虽然往好了可自夸为博采众长，但实际上更可能会形成"一锅乱炖"的局面。在学习行为干预的过程中，这种无法塌下心来把精力集中在最具科学实证的 ABA 知识的学习上，想走捷径的心思很常见，也很不利。

在孤独症圈里，大家经常互相勉励，在干预路上保持细心、耐心、恒心。小龄孩子家长和大龄孩子家长的心态有所不同，但终究会逐渐进步。每个家庭都会从最初的急切追求治愈的奢望中走出来，慢慢地面对现实，进而走上努力地提高生活质量的道路。在这条路上，行为干预是最能为我们提供支持的一项科学技术。我希望这套书能够帮助国内家长及早地武装自己，面向未来，抓好当下。

秋爸

前　　言

多年来，我有幸与发育障碍人士，尤其是孤独症（孤独症谱系障碍）人士，以及他们的监护人和支持者进行了会面、交谈，并为他们提供了咨询服务。这样的接触机会让我更深刻地了解到了孤独症人士及其监护人和支持者的想法，我也在这个过程中获得了大量实际体验，积累了关于常见的"行为问题"的咨询经验。

基于这些经验，我在各地的讲座和培训活动中多次做过主题为"了解和应对发育障碍儿童的行为问题"的演讲和教学。此外，在我任教的大学，我也有机会在研究生课程中开设一门相关的课程以及相应的实践课，专门讲授孤独症谱系障碍和应用行为分析的相关内容。我在设计这门共计15个教学单元的课程内容时，对于如何准备教材内容，如何对学生进行实践指导，都做了仔细思考。

通过以上的这些经历，我逐渐整理出了自己想要传授的课程内容，这些内容也是各方人士希望了解的相关知识。随着时间的推移，我产生了应该总结这些内容的想法，但一直没能下定决心。在这次新型冠状病毒感染（COVID-19）的影响下，我终于决定启动这项工作。

首先，我希望通过本书传递给读者的是理论知识。应用行为分析学中的ABC分析框架的思考方式具有重要意义。我认为，是否有能力运用这个框架将会成为我们能否良好地处理相关问题的一个分水岭。其次，我希望本书所讲解的ABC分析框架这套方案能够在指导与支持服务中得到实战应用（基于功能性行为评估的指导和支持）。这个方案会涉及一系列的过程和环节，包括记录、评估、计划、执行和再评估。对于本书中的这一部分内容，我将尝试采用相对易于理解的、更为具体的方式来讲解。此外，我还想告诉读者的是，本书所讲解的这些基于理论的实践，其重点在于为服务对象提供咨询和支持服务，书中这方面的内容包含了我与服务对象、监护人和支持者之间的沟通交流内容，以及我从中获得的个人经验。当然，其中在某些涉及严谨理论的部分，有可能存在个人理解上的偏差，这点请读者多多包涵。

在 2020 年 4 月左右，我认真构思了本书的框架，并向阿依力出版社的社长石黑宪一先生征询了意见，有幸获得了出版本书的预约。我缓慢的创作过程给出版社添了不少麻烦，所幸最终书稿还是顺利完成了，对于出版社对我的宽容，我深表感激。在出版过程中，竹冈纪子女士为本书绘制了封面及各个案例的插图，衷心感谢她以极大的耐心听取我提出的种种意见。

最后，如果本书能为更多的人提供点滴参考意见，我将感到不胜荣幸。

井泽信三

2022 年 6 月 30 日

目　　录

第1章　问题行为咨询与支持服务的思考方式 ··· 001

一、什么是问题行为？ ··· 002
1. 问题行为的含义 ··· 002
2. 问题行为的类型 ··· 002
3. 问题行为的严重程度 ··· 003

　　专栏1　问题行为的种种Ⅰ ·· 005

二、利用ABC分析理解和支持行为 ·· 006
1. 应用行为分析是什么 ··· 006
2. ABC分析是什么 ·· 006
3. 利用ABC分析促进适当行为发生的方法 ·· 008

　　专栏2　问题行为的种种Ⅱ ·· 010

三、解决行为问题应基于ABC分析的认识和支持 ··· 012
1. 功能性行为评估是什么 ·· 012
2. 理解问题行为发生的过程 ··· 015
3. 影响问题行为发生的另外两个因素 ·· 022
4. 应对问题行为的思考方法和具体内容 ··· 025

　　专栏3　即便如此，我们也还是会有遇到不顺的时候Ⅰ ··· 038

第2章　针对问题行为提供咨询服务的思考方式 ··· 039

一、提供咨询服务的基本原则 ··· 040
1. 不同类型的咨询服务 ··· 040
2. 直接为服务对象开展的咨询服务和支持 ·· 041

3. 间接的咨询服务 ··· 041
　　4. 咨询服务的步骤 ··· 043
　　　专栏 4　即便如此，我们也还是会有遇到不顺的时候Ⅱ ············ 044
　二、咨询支持的要点 ··· 045
　　1. 整理和确定问题，与咨询人建立情感联系 ···························· 045
　　2. 环境评估的必要性 ·· 046
　　3. 将"问题行为"转变为"适当的替代行为"的咨询表 ··············· 047
　　　专栏 5　即便如此，我们也还是会有遇到不顺的时候Ⅲ ············ 054

第 3 章　咨询支持案例 ·· 055
　案例①　在上课时突然冲出教室 ·· 056
　案例②　从其他孩子手中抢玩具 ·· 059
　案例③　突然发脾气 ·· 062
　案例④　上课时玩口水 ·· 065
　案例⑤　拥抱异性 ·· 068
　案例⑥　因购物要求遭拒而破坏物品 ·· 071
　案例⑦　失败时发脾气 ·· 075
　案例⑧　挑食 ·· 078
　案例⑨　在学校表现良好，在家却情绪不稳 ································ 081
　案例⑩　身体一被触碰就暴躁 ··· 084
　咨询和支持服务的要点与技巧 ··· 090
　　1. 咨询支持服务总结 ·· 090
　　2. 为发育障碍人士提供咨询支持服务的技巧 ···························· 093

参考文献 ··· 101

第1章

问题行为咨询与
支持服务的思考方式

一、什么是问题行为？

1. 问题行为的含义

任何一个人都可能表现出问题行为，当这些问题行为持续时间较长或者严重程度较高时，往往会给自身或周围其他人带来困扰，这时，通常就需要寻求相关的咨询与支持了。

问题行为常会有很多种叫法，比如行为问题、不适当行为、不良行为等。然而，对于我们来说，与其关注哪种叫法更合适，不如关注如何理解这些问题行为。基于看待问题行为的角度，我们有时可能会认为"这个人之所以出现问题行为，全在于他的个人因素"，如此，将做出问题行为的人视作问题的根源。但是，更为合适的视角应该是"问题行为的出现与维持才是关键所在"，即我们应该将焦点放在引发和维持问题行为的种种因素上。换句话说，面对问题行为，我们的思考角度应该是"出现问题行为的人并不是问题，问题在于行为本身（行为上的问题）"。

要想理解问题行为，至关重要的是，当行为上的问题出现时，我们不应将这个问题归因于行为人的能力、性格、障碍等个人因素，而应该视之为个体与环境之间互动的结果。引发或维持问题行为的种种因素有其各自的缘由（背景），因此，我们必须将环境因素考虑在内，并以这样的视角来看待问题行为，也只有通过这样的视角，我们才能找到解决问题的关键线索。

本书从始至终都坚持使用上述的理解方式来讲述如何处理问题行为，即将问题行为视为"个体与环境相互作用的结果"。同时，我们将问题行为、行为问题、不适当行为、不良行为等看作同义词，尽管在文字上可能会根据语境的不同而分别使用"问题行为"或"行为问题"，但其内涵是相同的。

2. 问题行为的类型

行为上的问题主要分为两种类型。

一种类型是"难以出现或很少出现的适当行为（类型①）"。例如，"不做作业""不打扫房间""不吃青椒"等,这些都属于"不做"这一类型,我们可以称之为"类型①",它表示某个适当行为很少出现或根本不出现。因此,我们可以简单地将"做○○"作为干预目标。也就是说,"做作业""打扫房间""吃青椒"等将成为我们引导的方向和目标。然而,正如下文将要提到的,"孩子是否真的应该去做作业?""如果做的话,应该做什么内容,做到什么程度,做多少,在哪里做,如何做?"这些问题是我们在将"做作业"当成干预目标之前,必须仔细考虑的。同样,我们也应该认识到,"吃青椒"并不是孩子必须达成的一个绝对目标,这一点十分重要。

另一种类型是"出现或频繁出现的不良行为(类型②)"。例如,自伤行为、破坏物品、辱骂他人、使用暴力攻击他人等行为,都属于这一类型。这类行为的严重程度较高,属于不良的行为形态。这种类型通常会被认为是"很成问题的行为"或"行为问题"。也正因为这类行为总是被看作不良行为,所以一旦出现就经常被要求"不要这样做!"或"住手!"然而,在处理这类问题行为时,我们不能只是简单地一看见这种行为发生就朝孩子发出"不准!"的喝止,而应纳入更多的考量,明确如何引导孩子做出被允许的行为。例如,面对孩子的不开心,我们应该教孩子使用语言表达自己的不开心,如"我很生气!"从而减少使用暴力。处理这类问题时,我们需要与相关人员一起思考,明确未来应该让孩子采取哪种更适当的做法。

还有一种情况,例如,学生在上课时离开教室。这个行为属于类型②,但是我们也可以将这个行为看作缺少安坐行为的一种表现(类型①),减少了离座行为也就等同于增加了安坐行为。因此,无论是类型①还是类型②,我们的基本方向都是教授适当的替代行为。

3. 问题行为的严重程度

问题行为的严重程度有高低之分。例如,生气时做出"打人"之类的攻击行为,这在任何情况下都不太可能被容忍,通常会被认为问题较大。然而,生气时做出"敲打物品"的行为,可能也并不合适,但相对于前者,这种行为可能更容易被接受。

在考虑问题行为的严重程度时,有一些行为,**问题出在行为本身(表达方式)**,

也就是行为本身就很不适当,如辱骂行为或攻击行为,这类行为的严重程度较高。此外,即便行为本身是适当的,是可以被社会接受的,如果该行为**不符合特定的情境或场合(语境)**,其严重程度可能也会较高。例如,虽然"拥抱异性"的行为是每个人都可能会做出的,但是这个行为发生的地点、行为人与拥抱对象的关系和双方的年龄等很多因素都会对其严重程度产生影响。

原则上,我们需要考虑以下三个方面:

①行为会威胁到自己或周围人的生命或健康,如自伤或攻击行为。另外,"语言暴力"的行为可能也会给他人带来强烈的冲击。

②行为会导致学习或社交活动受阻,或者考虑到年龄标准,行为发生的频率或强度过高或过低。例如,孩子在商店里大叫"我要买!我要买!我要买!"以这种方式大发脾气可能会导致他以后不再被允许进入商店,他也可能因此被剥夺去商店购物的学习机会。

③行为的形态本身没有问题,但发生的场合不适当,即"发生在不合适的场景或地点"或"违反社会规范"。这需要多方(如个人、监护人、教师等)之间的相互理解。

问题行为的严重程度有时难以简单界定。例如,我认识一个有智力障碍的孤独症男孩,在上小学后,他的母亲就禁止他拥抱异性,包括这位母亲自己。虽然我认为这种禁止可能稍显过早,但这位母亲认为自己的孩子很难判断哪些人可以拥抱,哪些人不可以,怕他难以控制自己的这种行为。她主要考虑的是孩子能否区分(区辨能力),以及区分后能否控制自己的冲动(行为控制能力)。她认为孩子的这些能力都严重不足。所以,外人常常难以判断此类行为的是非,我们需要与本人或为其家庭提供支持的专业人士开展真诚的对话,这种讨论有时尤为重要。

专栏 1
问题行为的种种 I

本节简要解释了什么是"问题行为"。一个行为是否应该被看作"问题",其严重程度应该如何判断,这些都需要我们非常谨慎地展开讨论。

首先,最重要的是当事人自己是如何看待这个行为的,他觉得怎样,希望怎样?举个例子,一个人抱怨"周围的人都讨厌我"。虽然我们不必要马上就考虑他的说法是否准确(是否真的有人讨厌他),但是他确实感到自己遭受了这种对待,并且觉得不适,他的这种感受需要得到我们的重视。当事人的观点、诉求、思维方式和生活方式,无疑是我们应当优先考虑的因素。然而,并非所有的最终决定都只取决于当事人的观点,我们还需要考虑周围人的看法和评价。

其次,我们应当考虑周围人的立场。在本书中,周围人主要指家庭成员。我们常说,最为难的人就是做出或将要做出问题行为的行为人自己。这种说法不无道理。例如,某人过度沉迷于游戏,在别人眼里,这对于他本人来说也许并不构成大问题,但实际上,他可能正处于某种生活困境当中,很难适应社会,因而不得不一直玩游戏,对此,他自己可能也深感痛苦。然而,与他一起生活的家庭成员又是如何反应的呢?家人可能会这样说:"你一直在玩游戏!""你别再玩游戏啦!""你快去上学!""你快去工作!"这些话可能会导致争吵不断,某种程度上会演变成一种恶性循环。在这种情况下,我们需要综合考虑的不仅有当事人自己的判断和评价,还有周围人的意见。拒绝上学就是一个典型的例子,我们需要综合考虑当事人的想法、家庭成员的意愿,以及当事人在学校的实际情况等。

最后,我们需要从第三者的视角出发,从社会的角度用客观的态度看待问题。例如,当事人因喜欢某位异性而主动接近对方,可对方有着自己的喜好,未必对当事人有好感。在这种情况下,"我喜欢那个人,对方却不喜欢我",也许会让当事人感到很伤感,但毕竟谁也不能只凭自己的心情去做任何事情。带着伤痛,鼓励自己继续生活,这是每个人都会经历的重要成长过程。

另外,假设某个人在生理上是男性,在心理上却是女性。在以前,局限于"当时的社会常识(大众的观念)",这个人很可能只能作为男性继续自己的生活,也只有这样才会被社会接纳。也就是说,他的某些诉求,在当时的社会观念下可能会被视为"问题"。然而,近年来,性少数群体(LGBT)作为多样性的一个方面,已经逐渐被某些地区的社会接受。这意味着,随着时代的变迁,社会的观念也在发生变化,而非静止不变。

二、利用 ABC 分析理解和支持行为

在理解问题行为并提供支持方面，应用行为分析的原理和实践非常扎实，它是将前文所述的"行为是个体和环境相互作用的结果"这一概念具体化的科学。

1. 应用行为分析是什么

行为分析（behavior analysis）是 B. F. 斯金纳（1904—1990）创立的心理学理论，旨在揭示学习心理学和行为心理学中的行为原理。行为分析涵盖了理论性（theoretical）、实验性（experimental）和应用性（applied）三个维度。行为分析的理论和实验为我们提供了科学知识，当我们将这些知识应用于人类的生活服务领域，如为服务对象提供个别化的支持时，就构成了"应用行为分析（Applied Behavior Analysis, ABA）"。ABA 并不是指特定的治疗方法（therapy），而是一种方法论。

在 ABA 中，行为无论是适当的还是不适当的，都被视为个体与环境相互作用的结果。此外，ABA 的支持和干预方针并非追求"个人的改变"，而是强调改变"包括个体与物品在内的环境"。理解/支持个体与环境之间的相互作用的方法就是 ABC 分析。

2. ABC 分析是什么

现在，我将说明理解行为的方法——ABC 分析。

首先，B（Behavior）代表行为。行为通常包括人们日常生活中的活动。说话、写字、思考、看、听、跑、走、扔、吃等，这些被称为"操作式行为"。原则上行为都具有自主性和主观性，而"被做〇"或"不做〇"不属于行为。

其次，C（Consequences）代表行为发生之后产生的后果（刺激、事件或条件），对行为的增加、减少和维持具有影响。当行为增加或维持时，该后果被称为"强化"，该行为发生之后随之出现的事件被称为"强化物"。当行为减少或减弱时，该后果被称为"惩罚"，该行为发生之后随之出现的事件被称为"惩罚物"。

最后，A（Antecedents）代表行为发生之前的前提（刺激、事件或条件），具有引发或提示行为的作用。通过 C 依联于 B，A 逐渐开始具有功能性。

以上所述的 ABA 专业术语可能有些晦涩，下面我将解释它们的含义。时间的流逝顺序是 A→B→C，而关键在于，之所以 A 和 B 之间的关系逐渐加强，是因为作为行为后果且依联于行为的 C 的出现。

请参考图 1-1。当孩子对母亲说"早上好！"（行为）时，作为依联于孩子的行为的反应，母亲立即回应道："早上好！"一般来说，母亲的回应"早上好！"是具有强化作用的，能够增加或维持孩子说"早上好！"的行为。其他行为，如"母亲的微笑"和"拥抱"（虽然在日本不常见）等，可能也具有强化作用。随着这些日常经验的积累，行为发生时的情境和事件会逐渐成为区辨刺激并发挥作用。例如，"早上、在客厅、妈妈"这样的事件或事物可能会起到区辨刺激的作用，成为孩子向母亲说"早上好！"的契机或提示。

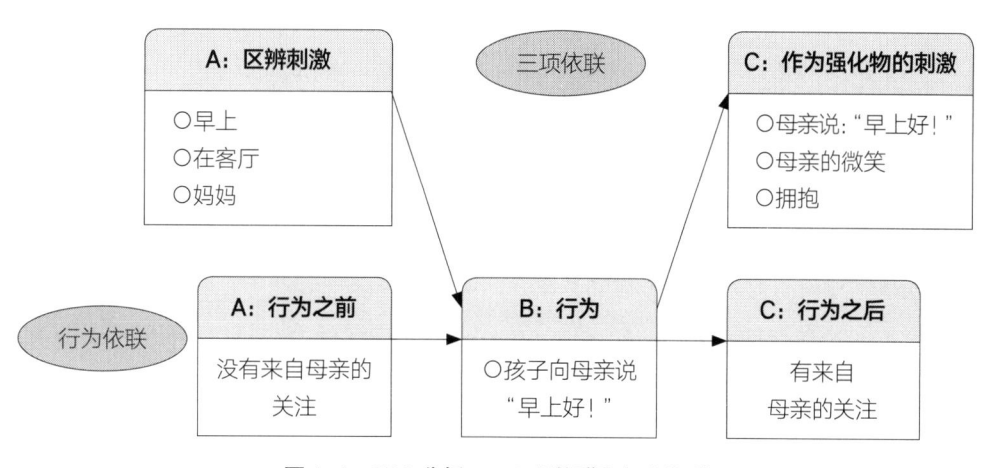

图 1-1　ABC 分析——三项依联和行为依联

ABC 分析有两种主要方法。

一种方法是三项依联（three-term-contingency）。三项依联指的是"A–B–C"三项之间的关系，其思考方式是："（A）在这样的时候，在这样的情况下，在这样的场景中，有这样的契机"→"（B）某个特定的行为发生"→"（C）紧随其后发生了什么事情"。

另一种方法是行为依联（behavior contingency）。行为依联与三项依联类似，也是通过"A–B–C"框架看待行为，但其重点在于行为前后环境的变化。请参考图1-1。例如，观察孩子向母亲说"早上好！"这一行为前后的环境变化，我们可以发现行为之前"没有来自母亲的关注（母亲没说'早上好！'）"，而行为之后"有来自母亲的关注（母亲说'早上好！'）"。强化也可以被视为行为前后环境的变化，我们可以寻找环境中"有→没有"和"没有→有"的这种变化。在寻找行为前后是什么在起强化作用时，这种思考方式非常有效，我会在随后关于问题行为的"功能"一节中通过实例进行更详细的解释。

这两种方法都用于思考行为前后发生了什么，只是视角略有不同，它们都可以让我们更容易地找出问题行为"发生在何时"和"为什么发生"的答案。

3. 利用 ABC 分析促进适当行为发生的方法

ABC分析是观察行为前后发生了什么，并通过ABC框架进行思考的方法。它不仅适用于减少问题行为的发生，也适用于促进适当行为的发生。在这种情况下，以下三点非常重要（井泽信三，2019, 2020）。请参考图1-2。

首先，在确定目标行为时，我们需要选择适合个人情况的行为形态。在设定目标行为时，我们应当尊重服务对象当前已有的行为技能，了解哪些是他可以挑战的行为，明确他目前的行为偏好（利用B的方法）。

其次，针对目标行为，我们需要评估哪些提示和条件更容易发挥作用，确认哪些语言提示、视觉提示、手势或示范、肢体提示等更容易促使行为发生（利用A的方法）。

最后，我们还要确认对目标行为进行强化的强化物，评估当前有效的强化物和今后可能发挥作用的强化物。潜在的强化物种类繁多，包括口头表扬、书面评价、击掌、眼神交流、积分、贴纸、活动安排和课堂参与等。此外，在许多时候，行为本身就能产生自我强化效果。提供适合服务对象的强化物是我们提供支持的一个基本要点（利用C的方法）。

运用应用行为分析促进适当行为发生的方法主要有两个方向，分别是"提高服务对象的技能"和"通过操作和调整环境发挥服务对象的现有技能"。前者旨在培养服务对象掌握各种行为技能，例如，文字学习、数学运算、文章阅读、英语写作等学业技能，自我情感理解、对他人的情感理解等社交技能，以及用以替代问题行为的适当的沟通技巧等。后者则旨在通过调整改变环境，必要时加入最低限度的指导，使服务对象现有的行为技能顺利发挥出来。无论是哪个方向的方法，我们都需要了解服务对象现有的行为技能库，并分析引发行为的区辨刺激及维持行为的强化物（井泽信三，2020）。

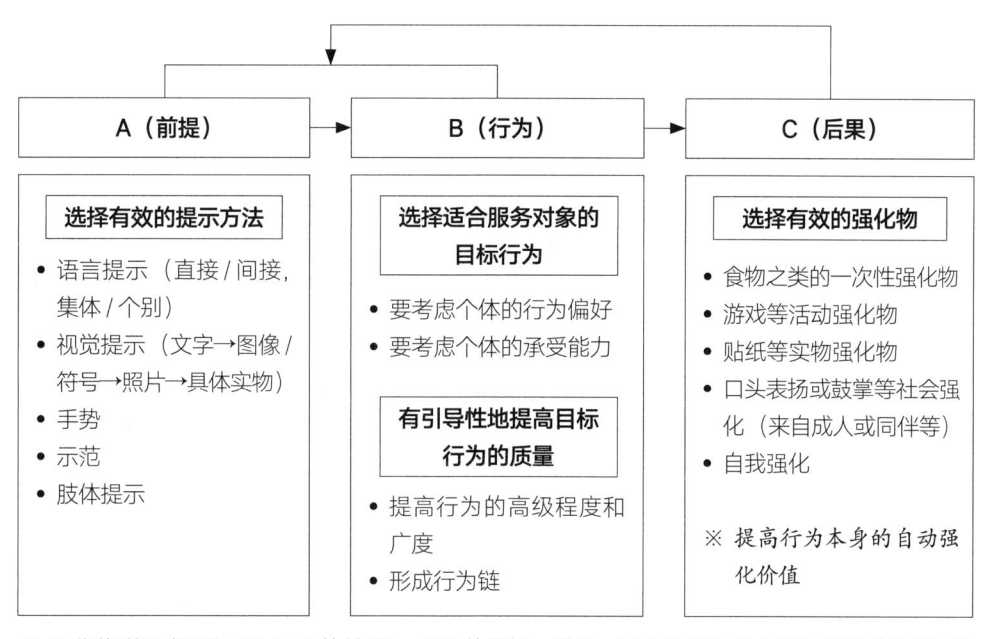

```
         ┌──────────────────────────────────────┐
         ↓                                      │
┌─────────────┐    ┌─────────────┐    ┌─────────────┐
│  A（前提）  │ →  │  B（行为）  │ →  │  C（后果）  │
└─────────────┘    └─────────────┘    └─────────────┘
```

选择有效的提示方法	选择适合服务对象的目标行为	选择有效的强化物
• 语言提示（直接/间接，集体/个别） • 视觉提示（文字→图像/符号→照片→具体实物） • 手势 • 示范 • 肢体提示	• 要考虑个体的行为偏好 • 要考虑个体的承受能力 **有引导性地提高目标行为的质量** • 提高行为的高级程度和广度 • 形成行为链	• 食物之类的一次性强化物 • 游戏等活动强化物 • 贴纸等实物强化物 • 口头表扬或鼓掌等社会强化（来自成人或同伴等） • 自我强化 ※ 提高行为本身的自动强化价值

※ 强化依联通常是指"B 与 C 的关系"。行为的增加、维持、减少和消失是由行为的依联性后果所控制的。

※ 刺激控制通常是指"A 与 B 的关系"。当行为发生之前的刺激具有引发行为的作用时，我们称之为"区辨刺激"。区辨刺激会影响行为发生的概率。

※ 功能分析是指通过分析强化依联和刺激控制来明确"A、B、C 的关系"。通常情况下，这种分析是在实验过程中通过变量操作而获得数据并得出结论的。

※ 如果行为本身就具有强化作用，那么我们称之为"行为内在的依联强化"。

※ 辅助是指促进行为发生的额外刺激（如一些帮助或提示等），通常我们以逐渐减少这种刺激为最终目标，但如果提供辅助才能促使行为发生，那么一般会建议继续提供这个辅助。

※ 开始阶段，可以由其他人向服务对象提示 A 与 C；最后阶段，我们期望服务对象能够逐步地自己处理好 A 与 C 的情况（自我管理）。

参考文献：井澤信三（2020）. 行動分析学からの多様性へのアプローチ.「学びをめぐる多様性と授業・学校づくり」. 宇野宏幸・一般社団法人日本 LD 学会第 29 回大会実行委員会編. 金子書房.

图 1-2 理解和支持行为的框架——通过 ABC 分析提供行为支持的要点

专栏 2

问题行为的种种 II

本书使用的是"问题行为"这个说法，此概念还存在着其他表述。例如，在英语中常用"挑战性行为"（challenging behavior）这一说法。武藤（2018）引用了埃默森（Emerson, 1995）关于"挑战性行为"的定义："（挑战性行为指的是）在社会文化上的异常行为，其强度、频率或持续时间等超乎寻常，可能会严重损害自身或他人的身体安全。或者，由于此类行为的存在，行为人被严格限制使用特定区域的公共设施（禁止该行为人进入）。"这里重要的是，无论我们使用哪种表述，都应记住它们体现了"个体与环境相互作用的结果"。

此外，还有一种说法是"重度行为障碍"（severe behavior disorder）。日本厚生劳动省（2013）的相关资料对此列出了以下三点：①有精神科的诊断（如智力障碍、孤独症、感觉统合失调等）；②有直接伤害（如咬人、用头撞击等）或间接伤害（如睡眠障碍、刻板行为等）及自伤行为等状态表现，出现的频率和形式"超出了一般想象"；③尽管家庭在养育方面付出了相当大的努力并进行了正常的教育，但障碍人士依然持续地、明显地表现出难以处理的状态。临床上通常认为，重度行为障碍的临床表现是具有较严重的智力障碍的人，尤其是孤独症谱系障碍人士，经常表现出来的问题行为。笔者在书中介绍了一些自己接触过的实例（井泽信三，2015a）供读者参考。此外，还有其他类似的术语，如情绪障碍（emotional disturbance）。从教育的角度来说，情绪障碍一般是指"情绪的表现方式偏离常态，或表现得异常激烈，无法通过自身意志控制，且这种状态持续出现，对学校生活或社会生活产生了影响"（井泽信三，2015b）。在过去的学校教育体系中，孤独症长期被归为情绪障碍的一部分，但现今相关知识已经更新，人们认识到孤独症是一种单独存在的行为状态。在日本，人们甚至专门为此设立了"孤独症 / 情绪障碍资源教室"。如今，人们对孤独症 / 情绪障碍人士的普遍认识是"孤独症或相关障碍人士在与人交流或建立人际关系方面存在困难"，以及"他们的主要表现为由心理因素导致的选择性沉默等，进而在适应社会生活方面存在困难"。然而，非要将相关障碍分成两个类别并没有太大的意义，重要的是，我们应该理解这些行为是"障碍人士个体先天的神经发育类型"与"养育模式和个人经历及他们与周围人的关系或相处经验等环境因素"相互作用的结果。

参考文献：

Emerson, E. (1995). *Challenging behaviour: Analysis and intervention in people with learning disabilities*. Cambridge: Cambridge University Press.

井澤信三（2015a）. 発達障害：青年（第 11 章）. 日本行動分析学会編. ケースで学ぶ行動分析学による問題解決. 118–125.

井澤信三（2015b）. 情緒障害教育. 柘植雅義・木舩憲幸編著, 改訂新版特別支援教育総論, 放送大学教育振興会. 155–166.

厚生労働省（2013）. 強度行動障害のある人〜あなたはどんな人をイメージしますか〜 https://www.mhlw.go.jp/file/06-Seisakujouhou-12200000Shakaiengokyokushougaihokenfukushibu/0000069196.pdf

武藤崇（2018）. なぜ日本人には「チェレンジング行動」という用語の理解が難しいのか—認知症の BPSD に対する介入におけるパラダイム・シフトの核心—. 心理臨床科学, 8（1）, 31–38.

三、解决行为问题应基于 ABC 分析的认识和支持

1. 功能性行为评估是什么

功能性行为评估以问题行为为核心，将行为前后的事件构成的 ABC 序列视为一个整体（单位）进行分析。例如，假设 B（行为）"咬自己的手"是一个问题行为，那么 ABC 分析就会关注这个行为发生之前和之后的事件。

尽管下文中涉及的几个专业术语我在前面已做过讲解，但仍然有必要在这里再明确一遍。

A 代表行为发生之前的状况，专业术语包括前提刺激（Antecedent Stimulus）、前提事件（Antecedent Event）、前提条件（Antecedent Condition）等。当某个特定的刺激（A）出现时，如果特定的行为得到强化，那么该特定的刺激（A）就会增加这个行为出现的概率，A 就会成为区辨刺激。它的具体含义和内容包括：①发生的情况、状态或场景；②机会或线索。

B 代表行为，是对行为形态的直接描述。

C 代表行为发生之后的状况，专业术语包括后果/后续刺激（Consequence Stimulus）、后果/后续事件（Consequence Event）、后果/后续条件（Consequence Condition）等。如果某个行为之后紧接着出现的事件会增加或维持该行为的发生频率或持续时间，那么我们就把这个随着行为出现的后果称为强化刺激（强化物）。它的具体含义和内容包括：①周围人采取了怎样的对策；②周围环境发生了怎样的变化；③孩子获得了怎样的结果（行为后果具有怎样的作用，也就是行为的功能是什么），参见图 1-3。

通过 ABC 分析框架理解并处理问题行为的方法被称为"功能性行为评估"（Functional Behavior Assessment, FBA）。我们运用这个方法，通过信息收集和分析来推测"（B）问题行为""（A）之前的状态/事件""（C）之后的状态/事件"之间的关系。我们可以按照以下步骤进行。

①使用包括直接观察在内的方法进行信息收集，并为问题行为命名（定义）。

②提出关于问题行为功能的假设。

③执行指导/支持计划。

④评估指导/支持的效果，进而根据需要修正支持方法。

前提	行为	后果
（行为发生之前）	咬自己的手	（行为发生之后）

英文	中文	含义
[A] Antecedents	前提刺激/事件/条件 区辨刺激	①发生的情况、状态、场景 ②机会、线索
[B] Behavior	行为	对行为形态的直接描述
[C] Consequences	后果或后续刺激/事件/条件 强化刺激	①周围人采取了怎样的对策 ②周围环境发生了怎样的变化 ③孩子获得了怎样的结果

图 1-3　ABC 分析——尤其针对问题行为

在对问题行为进行评估时，有两个视角需要我们仔细考虑。

首先是"行为的形态"。行为的形态是指直接描述行为本身，对于问题行为的描述可以是"打自己的头""咬别人的手臂""踢别人的脚""损坏电视等物品"，等等。对问题行为做出具体描述非常重要。

其次是"行为的功能"。行为的功能包括四种：获得物品/参与活动、获得关注、逃避/回避和获得感官刺激（自我刺激）。行为是由紧随之后出现的强化刺激而增加和得以维持的，问题行为也是如此。那么，问题行为可能带来哪些强化刺激呢？答案就是这四种功能。这里的功能指的就是，行为和强化物之间是什么关系，行为是由什么强化物维持的（图 1-4-1 ~ 图 1-4-4）。

在如图所示的这四种情况中，虽然 B 的行为都是"发出怪声"，但我们可以看到行为发生前后的环境条件是不同的，不同的环境条件分别体现了行为的四种不同功能。

图 1-4-1 "获得物品/参与活动"的功能

- A：区辨刺激 —— 能看到"玩具"却够不到
- A：之前 —— 没有"玩具"
- B：行为 —— 发出怪声
- C：强化刺激 —— 得到"玩具"
- C：之后 —— 有"玩具"

图 1-4-2 "获得关注"的功能

- A：区辨刺激 —— 母亲正在做饭
- A：之前 —— 没有"关注"
- B：行为 —— 发出怪声
- C：强化刺激 —— 母亲回应并与之交流
- C：之后 —— 有"关注"

图 1-4-3 "逃避/回避"的功能

- A：区辨刺激 —— 很难的数学题
- A：之前 —— 有"很难的任务"
- B：行为 —— 发出怪声
- C：强化刺激 —— 数学题没有了，不用做题了
- C：之后 —— 没有"很难的任务"

图 1-4-4 "获得感官刺激（自我刺激）"的功能

- A：区辨刺激 —— 无事可做的空闲状态
- A：之前 —— 没有"感官刺激"
- B：行为 —— 发出怪声
- C：强化刺激 —— 伴随"感官刺激"
- C：之后 —— 有"感官刺激"

"获得物品/参与活动"功能，从三项依联的角度来看，就是"A：玩具放在高处，能看到却够不到"→"B：发出怪声"→"C：得到玩具"；从行为依联（行为发生前后环境的变化）的角度来看，就是从"没有玩具"的状态变成"有玩具"的状态。

"获得关注"功能，从三项依联的角度来看，就是"A：母亲正在做饭（无法陪伴孩子）"→"B：发出怪声"→"C：母亲回应并与之交流（获得了母亲的关注）"；从行为依联（行为发生前后环境的变化）的角度来看，就是从"没有母亲的关注"的状态变成"有母亲的关注"的状态。

"逃避/回避"功能，从三项依联的角度来看，就是"A：必须完成很难的数学题"→"B：发出怪声"→"C：不必再做数学题"；从行为依联（行为发生前后环境的变化）的角度来看，就是从"有数学难题"的状态变成"没有数学难题"的状态。

"获得感官刺激（自我刺激）"功能，从三项依联的角度来看，就是"A：无事可做的空闲状态"→"B：发出怪声"→"C：通过发出怪声获得感官刺激"；从行为依联（行为发生前后环境的变化）的角度来看，就是从"没有感官刺激"的状态变成"有感官刺激"的状态。

如上所述，即便是相同的行为，由于其产生的原因（背景）不同，功能也有所不同。我们不能仅仅关注行为的形态，只做出"打人""砸玻璃"这类的描述是不够的，还需要对行为发生前后的环境进行直接观察，从而确保自己充分地了解情况。

2. 理解问题行为发生的过程

以 ABC 分析开展问题行为的评估，我们可以按照以下步骤进行。

第 1 步　对多种问题行为进行筛选，留下 1 个（或 2～3 个）。

要点：如果当前存在多个问题行为，则需要考虑优先处理顺序，先选出一个行为进行处理。在确定优先顺序时，我们需要考虑两个因素：问题行为的"变化的可能性"和"紧迫性"。最好的做法是，先将似乎较容易处理的问题行为设定为目标（变化的可能性较高）。然而，如果某个问题行为非常严重，具有紧迫性，那么我们应将该行为作为优先目标，同时需要制订更详尽的计划。

要点：对筛选出的问题行为做具体的描述。下面有几个示例。我们要根据所见所闻具体描述行为的形态，如果只是使用"多动""恐惧""粗暴"这类的描述，那么很可能会在设定目标行为时出现歧义，导致人们的看法难以达成一致。例如，有人认为"那应该是多动吧"，也有人可能认为"那还达不到多动的程度吧"。此外，我们还需要描述行为发生时的场景和状态，以便相关人员能有更具体的了解，从而更容易达成共识。

例1：（×）多动→（○）晚餐时来回走动

例2：（×）恐惧→（○）学习时大声哭喊

例3：（×）粗暴→（○）休息时推倒身旁的小朋友

要点：为问题行为下定义，可以确保人们对目标行为有相同的认识，从而获得一致的应对方法。在应对问题行为时，这样的协同应对至关重要。

第2步　根据ABC分析框架观察、记录问题行为，再进行整理分析。

问题行为评估是"为什么会发生这种行为"的一个推断过程。在这个过程中，我们要尽可能地收集与问题行为相关的信息。收集方法包括通过直接观察收集信息和通过面谈或问卷等间接收集信息。

通过直接观察收集信息

时段分布记录法：观察和记录选定的多个问题行为，了解它们在何时及在什么情境下频繁发生（图1-5）。

行为观察记录表：对选定的多个问题行为进行事件描述记录。这样的记录可能会给现场工作带来一些负担，因此我们也可以尝试事后将发生问题行为时的情况记录下来。记录时，务必忠实地描述发生的事件，无须附加任何主观感受（例如，因为他不喜欢、他感到烦躁等推测性描述）。此外，记录人应该在备注栏中写下自己对行为可能的功能做出的推测，也可以记录下自己注意到的其他事项等（图1-6）。

通过面谈或问卷等间接收集信息

使用功能性评估访谈（Functional Assessment Interview, FAI）或行为问题动因评估量表（Motivation Assessment Scale, MAS），对平日接触孩子较多的班主任和家长进行访谈或询问（图1-7-1、图1-7-2）。

观察行为：哭泣，大叫，推翻桌椅，扔课本、笔记本，离开教室
观察开始日期：5月10日（星期一）　　观察结束日期：5月24日（星期一）
符号的意义：☐ = 任何行为都没有发生　　☑ = 发生了某个行为　　■ = 所有行为都发生了

时段分布记录图

活动	时间	一	二	三	四	五	一	二	三	四	五	一
早上到校至开晨会	8:10—8:30	√										√
晨会	8:30—8:50	■										■
第1节课	8:50—9:35					√					√	
第2节课	9:40—10:25											
课间休息	10:25—10:45	√										
第3节课	10:45—11:30		■	√	√	■	■	■	■	■	■	
第4节课	11:30—12:15		■			■	■	■	■	■	■	
午餐准备	12:15—12:40	√	√	√		√	√	√	√		√	√
午餐	12:40—13:10											
午休	13:10—13:25											
扫除	13:25—13:40	■	■		√	■	■	■	√	■	■	
第5节课	13:40—14:25				√	■					√	
放学前的集体会	14:25—14:40											
准备回家	14:40—15:00											

参考文献：「行動問題」解決ケーススタディ. 小笠原恵编著. 中央法规

图1-5　时段分布记录图（示例图）

行为观察记录表

姓名（○○○）　　　　记录人（○○○）

日期	时间	场所	A（前提）		B（行为）	C（后果）		备注
			状况	机会（之前）	行为（做了什么）	周围人的应对（之后）	后果是什么？	
5月17日	晨会	教室A	在开晨会时，小A需要完成分配给他的班级任务（职责），向其他孩子发放名牌。	老师将名牌递给小A，并推小A其后背。	小A坐着不起来，并紧搂老师的腿。	老师说："喂，站起来！""放开手！"并且试图将小A拉开。	老师没能将小A拉开，直到大约5分钟后，小A自己放开了手，并回到了座位上。老师将发放名牌的任务交给其他孩子。	逃避？
	晨会	教室A	晨会快要结束时，大家正在听老师朗读绘本。	（不明）	小A紧搂老师的腿。	老师问小A："怎么啦？"然后说："坐好。"试图让小A坐回去。	小A还是不动，老师不再说话，保持原状，大约5分钟之后，小A自己坐回去了。	逃避？获得关注？
5月18日	集体学习	教室B	小A出列，向大家介绍自己今天的成果。	老师催促小A出列。	小A当场坐在地上，并紧搂老师的腿。	老师说："又来了。"然后就在原地宣布："A同学完成了×××。"	其他孩子也发了言。小A一直保持这种搂腿的姿势直到课程结束，然后离开老师，回到了班级队列中。	逃避？讨厌出列并发言？
5月22日	午餐后	教室A	刷完牙之后，小A将牙刷放回原处时。	老师在附近。	小A试图紧搂老师的腿。	老师迅速将腿移开。		

图1-6　行为观察记录表（示例图）示例图

功能性评估访谈（FAI）

A. 行为描述
1. 就目标行为，回答有关行为形态（行为的具体表现）、频率（每天、每周、每月发生的次数）、持续时间（行为持续发生的时长）和强度（造成伤害的程度）的问题。
2. 是否有与目标行为一起发生的其他行为？

B. 问题行为中的建立型操作[①]
1. 孩子是否服药？如果是，您认为药物对问题行为有多大影响？
2. 您认为是否有生理因素影响了问题行为？（例如，"哮喘""过敏""月经""气候病"等。）
3. 孩子的睡眠状况如何？您认为睡眠状况对问题行为有影响吗？
4. 孩子的饮食是否受到特殊限制？您认为这对问题行为有影响吗？
5. 请列出孩子每天的日程安排。各项活动或活动参与者是否符合孩子的期望？您认为这是否与问题行为有关？
6. 在家庭、学校或工作场所中，孩子周围有多少人？这些人如何应对问题行为？

C. 问题行为的前提
1. 问题行为最容易发生和最不容易发生的时间是什么时候？
2. 问题行为最容易发生和最不容易发生的场所是哪里？
3. 孩子与谁在一起时，问题行为最容易发生或最不容易发生？
4. 孩子参与什么活动时，问题行为最容易发生或最不容易发生？

D. 问题行为的后果
问题行为发生后，孩子得到了什么或逃避了什么？

E. 目前具备的功能性行为
孩子能够运用社会可接受的适当行为（语言、手势等）获得与问题行为相同的后果吗？

F. 沟通方式
1. 孩子通常使用怎样的沟通方式？
2. 孩子能够听从语言要求或指令吗？
3. 孩子能够回应使用手势或姿势的要求或指令吗？
4. 如果向孩子做出任务或活动的示范，孩子能够模仿吗？
5. 孩子能够通过表示"是"或"不是"来回应要求或指令吗？

G. 可能成为强化物的事物或对象
1. 孩子喜欢的食物是什么？
2. 孩子喜欢的玩具是什么？
3. 孩子喜欢的活动是什么？

H. 问题行为的历史（强化史）
该问题行为持续了多长时间？以前尝试过的减少问题行为的方法是什么？效果如何？

参考文献：O'Neill, R. E., Horner, R. H., Albin, R. W., Sprague, J. R., Storey, K., and Newton, J. S. (1997). *Functional Assessment and Program Development for Problem Behavior: A Practical Handbook*, 2nd Ed. Brook/Cole Company.

图 1-7-1　功能性评估访谈（FAI）示例图

---

① 译注：可以简单理解为一些相关的背景信息。

问题行为动因评估量表（MAS）

儿童姓名：_____
问题行为的具体内容：_____

关于问题行为，请仔细阅读以下问题，并圈出相应的选项。
从不——0　几乎从不——1　有时——2　一半时候——3　经常——4　几乎总是——5　总是——6

1. 当孩子独处较长时间（如几个小时）时，该行为会反复发生吗？　0・1・2・3・4・5・6
2. 当孩子被要求完成一项困难任务时，该行为会发生吗？　0・1・2・3・4・5・6
3. 当您与在同一房间内的其他人交谈时，该行为容易发生吗？　0・1・2・3・4・5・6
4. 当孩子得不到某些东西（玩具、食物、活动等）时，该行为会发生吗？　0・1・2・3・4・5・6
5. 如果孩子的周围没有人，该行为会以同样的形式持续很长时间吗？　0・1・2・3・4・5・6
6. 当您向孩子提出要求时，该行为会发生吗？　0・1・2・3・4・5・6
7. 如果您停止对孩子的关注，该行为会发生吗？　0・1・2・3・4・5・6
8. 当孩子喜欢的东西（玩具、食物、活动等）被移除时，该行为会发生吗？　0・1・2・3・4・5・6
9. 孩子看起来很享受该行为吗？　0・1・2・3・4・5・6
10. 当您试图让孩子做某事时，孩子会做出该行为故意为难您吗？　0・1・2・3・4・5・6
11. 当孩子无法引起您的注意（如您与孩子在不同的房间，或者您正在与他人交谈时）时，该行为会发生吗？　0・1・2・3・4・5・6
12. 当您给予孩子想要的东西（玩具、食物、活动等）时，该行为会在短时间内平息吗？　0・1・2・3・4・5・6
13. 当该行为发生时，孩子会不在意、不注意周围发生的事情吗？　0・1・2・3・4・5・6
14. 如果您停止要求孩子做某事，该行为会在1~5分钟后平息吗？　0・1・2・3・4・5・6
15. 孩子会因为想独占您一段时间而做出该行为吗？　0・1・2・3・4・5・6
16. 该行为是否会在孩子无法如愿以偿时发生？　0・1・2・3・4・5・6

MAS 统计表

自我刺激功能	逃避功能	关注功能	对物品/活动的需求功能
①	②	③	④
⑤	⑥	⑦	⑧
⑨	⑩	⑪	⑫
⑬	⑭	⑮	⑯
总分			
平均分			
顺序			

参考文献：Durand. V. M. & Crimmins, D. (1992). Motivation assessment scale. Topeka, KS: Monaco. & Associates.

图 1-7-2　问题行为动因评估量表（MAS）示例图

第 3 步　整理关于问题行为的 ABC 信息。

通过直接观察收集到的信息，以及通过访谈和问卷收集到的间接信息，为我们积累了相关数据，我们可以据此分别对 A、B 和 C 这三项进行整理。

(1) 对【B】的整理

确切定义某一个问题行为。即使发现孩子存在许多问题行为，我们也要先聚焦在 2~3 个行为上。在处理问题行为时，我们不能一下子应对太多的行为，而应该逐一考虑，解决问题行为的过程应该被规划为逐个处理的过程。

(2) 对【A】的整理

我们需要从两个方面来考虑，分别是"大环境"和"行为发生的前提"。"大环境"是指孩子所处的场景、活动、时间段、发生的事件等。"行为发生的前提"是指分析推测的可能引发问题行为的相对较小的刺激。例如，来自他人的刺激，可能包括周围某个人的存在，来自他人的问候、责备等语言刺激，以及他人的举动带来的互动或身体接触等。此外，"行为发生的前提"可能还涉及周围出现了某个玩具或其讨厌的事物。

我们需要充分地收集、记录或仔细倾听关于问题行为发生时的情况描述，从中找出经常发生该问题行为及完全不会发生该问题行为的条件。通过这样的整理，我们能看出在哪些情况下该问题行为更容易发生。此外，在不容易发生该问题行为的条件中，有可能隐藏着正向支持的线索，因此，对此的整理同样重要。以下是我们需要考虑的一些条件。

○活动的内容和类型：例如，在学校场景中需要考虑的条件包括课程内容、课程以外的活动（课间、午休）等，而在家庭场景中需要考虑的条件包括做作业、玩游戏、吃晚餐等时间段的内容。

○时间段：可以分为早晨、上午、放学回家之前等时间段。

○问题行为涉及的或受其影响的人：老师、母亲、父亲、兄弟姐妹、朋友等。

○特定人物在场 / 不在场的情况（更容易发生或更不容易发生问题行为的条件）。

(3) 对【C】的整理

我们需要从几个角度来审视：①周围人采取了怎样的对策；②周围环境发生了怎

样的变化；③孩子获得了怎样的结果（行为的功能，即问题行为究竟起到了怎样的作用）。

如前文所述，行为的功能包括获得物品/参与活动、获得关注、逃避/回避和获得感官刺激（自我刺激）。我们知道，行为是由紧随之后出现的强化刺激而增加并得以维持的，那么我们就需要考虑问题行为可能带来哪些强化刺激，答案就是问题行为的这四个功能。这里的功能指的就是，行为和强化物之间是什么关系，行为是由什么强化物维持的。

我们还要找出能够迅速平息问题行为的应对措施，或者找出可以促进适当行为发生的应对措施。通常情况下，比如，当孩子出现"恐惧反应"时，我们可以优先考虑缓解他的激动情绪，采取冷下来（cool down）或静下来（calm down）的方法[①]，让他暂时离开现场。能让人平静的方法有很多种，而看到周围人的面部表情，或者听到其他人的声音往往会加剧恐惧情绪，因此，我们在处理"恐惧反应"时最好能将这些因素去除掉。此外，对于不同的服务对象，我们需要找到合适的个别化的冷静办法。

(4)【ABC】的汇总

我们从上述的当前情况分析中可以汇总得出孩子常见的一些典型行为模式。与此同时，我们通常需要通过对多个行为的筛选，先将目标行为【B】确定为其中的一个。这个目标行为【B】可能会涉及多个【A】和【C】，而在我们尚未完全了解所有情况时，可以将某些未知部分列为需要继续观察的项目。

3. 影响问题行为发生的另外两个因素

(1) 动因操作

动因操作（Motivating Operation, MO）的定义是，"它是一种环境变化，可以改变某个事物或事件作为强化物的效力，并且会临时改变该强化物作用下的行为的发生频率"（Michael, 1993）。

---

① 原注：冷下来（cool down）或静下来（calm down）的方法，是指在服务对象出现"恐惧反应"时，我们引导他在一个安静的环境中平静下来，有时，我们需要设置一个特定的区域，比如专门的房间或其他合适的场所。

MO 对 ABC 都会产生影响。MO 主要有以下三种类型。

○剥夺："非习得性——未喝水"，"习得性——有纸但没有笔"。

○餍足："非习得性——大量饮水"，"习得性——拥有大量相同物品"。

○反身性动因操作："非习得性——噪声、身体疼痛"，"习得性——被忽视"。

我们需要从 MO 的角度来考虑问题行为的发生原因，例如，我们知道，任何人都可能会处于"心情不好、烦躁"的状态，在这种状态下，问题行为就会更容易发生。我们要寻找是什么因素导致了这种状态，而不能仅仅拿一句"今天他情绪好/不好"作为了结。可能影响问题行为发生的因素主要有以下三个（图1-8）。

○生理因素：例如，睡眠不足、饥饿、感冒、鼻炎、皮肤病、热或冷等。

○人际关系的因素：例如，起床后做准备工作时拖拉而惹妈妈生气，在学校时被坐在后面的孩子嘲笑等。

○活动安排的因素：不愉快的活动即将开展。例如，下午有令人讨厌的运动会项目的练习等。

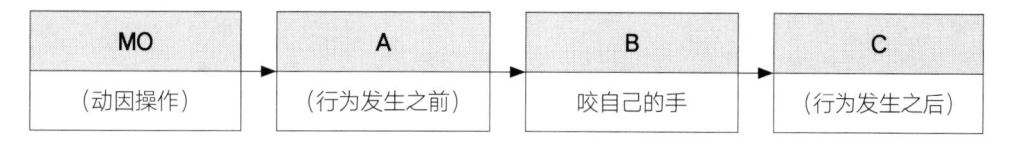

MO （动因操作）	A （行为发生之前）	B 咬自己的手	C （行为发生之后）

图 1-8　动因操作与 ABC 的关系

区辨刺激和强化物分别是指行为即将发生之前的事件和紧随行为之后出现的事件，而 MO 不仅涉及行为即将发生之前的事件，有时也涉及与行为发生有一段时间间隔的之前的事件，因而我们可能难以搞清楚导致行为发生的一些因素，所以，我们需要与家庭、学校和其他机构进行信息沟通。

（2）"情绪"因素

行为可以分为两种类型，如下所述（小野，2005）。

一种是操作式行为。它是对环境刺激的自发性反应，这种行为受其产生的后果（行为前后的环境变化）的控制。在前面的讲解中，我们谈及的行为基本上都是操作式行为。

另一种是应答式行为。它是由特定的诱发刺激引发的行为。这类诱发刺激可以是非习得性的刺激，如"光→瞳孔收缩"，也可以是习得性的刺激，如"话梅→口水分泌"。"习得性"可以简单地理解为"通过学习而获得的"。

操作式行为包括走路、说话等主要涉及随意肌（可以自由控制的肌肉）的行为，而应答式行为主要涉及非随意肌（无法自由控制的肌肉，如心肌等）和自主神经反应，例如，唾液分泌、汗液分泌、胃收缩、膝跳反射（敲击膝盖时腿会弹起）等，还包括一些情绪反应（喜怒哀乐等）。

情绪反应是由诱发刺激引起的，基本上不受结果的影响。孤独症人士可能会出现情绪爆发，如"恐惧反应"。这种情况是由特定的情境或刺激引起的，因此很难控制。

如上面讲到的，当孩子出现"恐惧反应"时，我们应避免再给孩子过多的刺激，尤其应该尽量避免与孩子对话，首要考虑的是如何让孩子保持冷静并离开现场。我们称之为"冷下来"或"静下来"的方法。这时的处理重点在于避免恐惧状态进一步升级。

然而，在情绪剧烈爆发的情况下，虽然我们应该优先考虑采取平息情绪的措施，但当我们能够在某种程度上控制好局面时，就必须判断自己的这种平息措施是否反而会成为孩子"逃避讨厌的活动或场景"的一种不当方法。

因为这种情绪反应通常是在无意识的情况下引发的，所以很难控制。不过，这种情绪的激发也需要一个过程，其激烈水平一般都是逐渐上升的。因此，这里我们仍然可以采用操作式行为的应对策略，在一定程度上对这样的情绪反应防患于未然。例如，当我们感到紧张时，可能会在心里反复念叨"冷静！冷静！"或者在自己的手心写个"人"字，并做出把字吞下去的动作①。

除了情绪爆发，在很多情况下出现的某些特定事件还可能会增加焦虑情绪。例如，我们可能会在出门后出现"家里的煤气阀门关了吗？"这样的焦虑情绪（心跳加速）。在这种情况下，我们也可以采取一些缓解措施，例如，默默地告诉自己"没问题，没问题，都关好了！"或者在每次出门前拍下煤气阀门已关闭的照片，一旦感到焦虑就可以拿出来查看以便让自己放下心来。这些做法同样是操作式行为的应对策略。

---

① 译注：这是日本民间常见的一种控制紧张情绪的风俗。

4. 应对问题行为的思考方法和具体内容

（1）应对问题行为的支持原则

总的来说，支持原则有三种，下面逐一进行讲解。

原则一　尽可能地不使用带有厌恶刺激的干预方法

从理论上看，惩罚是一种可以减少问题行为的方法。在过去的实践中，人们也曾采取过惩罚性和厌恶性的措施，但如今那些方法都可能存在着伦理和人权方面的问题，因此，我们要尽量避免采用这类方法。此外，一旦惩罚性和厌恶性的应对措施停止了，那些问题行为就有可能会再现。再有，当我们无法实施惩罚干预时，被惩罚的问题行为可能会被其他问题行为替代。这些不利情况都常会出现。当然，如果遇到了严重的情绪爆发，我们在干预操作中可能需要采用最低程度的肢体限制，以便帮助服务对象恢复平静，但这样做的前提是必须事先得到服务对象或其监护人的同意。

惩罚性和厌恶性的干预方法可以分为两种类型。一种方法是让问题行为带来惩罚性/厌恶性刺激（通常作为惩罚物），进而减少问题行为的发生（惩罚）。具体来说，可考虑在问题行为发生之后施以电击、训斥、体罚等，其ABC分析如下所示。

例1：A"没有电击"→B"自伤（减少↓）"→C"有电击"

例2：A"没有柠檬水喷入嘴里"→B"自伤（减少↓）"→C"有柠檬水喷入嘴里"

原则上，我们不主张采用或不采用这种呈现厌恶性刺激的方法。

另一种方法是，当服务对象出现问题行为时，我们可以撤除他喜欢的刺激或活动等，其ABC分析如下所示。

例3：A"有好玩的游戏"→B"攻击其他孩子（减少↓）"→C"没有好玩的游戏（被带离房间/进行肢体限制）"

例4：A"有午餐"→B"在吃午餐时捉弄其他孩子（减少↓）"→C"没有午餐（没收午餐）"

例3中采用的方法被称为"罚时出局"技术。罚时出局是指在问题行为发生后的一定时间内（通常为1~5分钟），我们将服务对象与其喜欢的事物、情境或场景隔离开，通过撤除其与强化物的接触机会，实现不当行为的惩罚依联。以下是罚时出局的几种类型（加藤，2012）。

①移除型：当孩子出现相对轻微的问题行为时，我们可以取走作为强化物的物品或工具，防止他接近这些强化物。

②分离型：当孩子出现问题行为时，我们可以将他与强化物分离，例如，将他从正在进行活动或执行任务的集体中带离出来，或者将他带至教室角落的特定区域。

③隔离型：当孩子出现问题行为时，我们可以将他带到一个没有相关刺激的房间或隔间，并在那里停留一段时间。这对于抑制肢体攻击行为或损坏物品等危险行为是有效的。

这些干预程序并不是首选的方法，我们只能在特定情况下，在听取了专家的建议之后使用。

此外，还有一种被称为"消退"的干预程序。消退是指在问题行为发生时完全不提供依联于该行为的强化物。从行为依联上看，这意味着在行为发生之前和之后，环境都没有发生变化。示例如下。

例：A"没有来自老师的关注"→B"直接叫老师的名字（减少↓）"→C"没有来自老师的关注"

消退也被称为"计划性不作为"。当行为的功能是获得关注时，这种干预有时也被称为"计划性忽视"（只强化适当行为而忽视不当行为）。

在执行消退程序的早期阶段，我们可能会观察到消退爆发的现象，即行为发生的频率和强度急剧增加，而且常常伴随着情绪反应。此外，如果周围有可攻击的对象，服务对象可能还会出现攻击行为。例如，在我们按下按钮后，电梯门迟迟不关闭，我们有可能会反复多次地去按按钮，这样的行为就是"消退爆发"在日常生活中的一个例子。

在我们实际应用消退程序时，学生"直接呼叫老师的名字"的不礼貌行为具有获得关注的功能，那么，当我们忽视这个行为时，在初始阶段，学生可能就会出现各种反应，比如，说"嘿，你转过来！""嘿，胖子！"或扔东西等。在消退爆发期间，我们如果对这些行为做出反馈，比如，说"你别这样！"就是给予了关注，不仅对"直接呼叫老师的名字"这一不当行为给予了关注，还对随后发生的各种行为给予了强化。因此，我们如果要实施消退策略，就必须彻底地忽视这些行为，直到它们完全消失。然而，在实际操作中，这种持续的忽视非常具有挑战性，因此，在使用"消退"的同时，我们需要教授适当行为，这才是更为理想的应对策略。

原则二　对"环境设置"进行操作和调整（提供支持性背景）

实施这个策略的目标是消除或减少那些可能引发问题行为的条件，它是对A（场景、状态、区辨刺激等）进行的操作。

下面是消除问题行为发生条件的几个常见例子。

〇如果孩子在商店里经常要求购买各种东西，那么我们可以考虑不带他去商店。

〇如果孩子很讨厌运动会上发令枪的声音，那么我们可以不使用发令枪。

〇如果孩子很不喜欢吃胡萝卜，那么我们可以考虑不再要求他吃胡萝卜。

此外，还有一些操作和调整不仅能够降低问题行为的发生概率，还能促进适当行为的发生。

〇如果数学练习题很难时孩子会生气，那么我们可以考虑降低练习题的难度。

〇我们可以将简单的题目与困难的题目穿插着交替执行（降低厌恶程度）。

〇我们让孩子来选择要做的题目和做题的顺序（降低厌恶程度）。

理论上，当适当行为发生时，问题行为就会相应地减少，因此，"容易的课程""有趣的教学""班上同学的接纳"以及"老师的认可"等都可以降低问题行为发生的概率，同时增加适当行为发生的概率。

如果已知某些条件下问题行为不会发生，那么充分创造这种条件就可以降低问题行为的发生概率。虽然这种措施也许会被认为具有限制性，通常并不被推荐使用，但在无计可施的情况下，我们也可以考虑这样做。当然，更好的干预方法是帮助孩子逐步实现自我管理，学会遵守承诺。

〇由于问题行为只有在老师不在场时才发生，因此我们可以考虑让老师始终在场。

〇由于老师无法长时间在现场监督，因此我们可以考虑让老师时不时地突然出现并加以提醒，例如，提醒说"我随时看着你"。

〇由于孩子与爸爸一起购物时不会出现要求买这买那的问题行为，因此我们可以考虑由爸爸带着孩子去商场。

原则三 把主要目标定为引导适当行为的出现（提供指导性背景）

教授可以替代问题行为的目标行为。

如今，最值得推荐的引导策略就是教授能够替代问题行为的"适当行为"或"功能等价的新行为"。因为如果我们仅仅禁止某个问题行为，那么即便该问题行为不再出现，往往也会有其他问题行为取而代之，所以我一再强调增加孩子的适当行为的重要性。

例如，如果孩子在被要求"吃胡萝卜"时会出现"发脾气"的行为，那么我们可以将替代行为设为目标行为。

○适当行为：吃胡萝卜。

○功能等价的新行为：说"我不想吃胡萝卜"。

※ 这里的功能等价是指，由于发脾气的问题行为具有"逃避"功能，即"不吃胡萝卜"，因此，我们有必要考虑可否允许孩子不吃胡萝卜。

一种增加适当行为的强化操作（针对 C 的操作）被称为差别强化（differential reinforcement）。差别强化是指，在设定的一个标准之下，我们只强化某个行为，而对其他行为执行消退程序。设定的标准可以保持不变，也可以逐步提高。常用的差别强化方法有以下几种。

○对替代行为的差别强化（Differential Reinforcement of Alternative behavior, DRA）

不强化问题行为，只强化适当的替代行为。例如，不强化"直呼老师的名字的行为"，而强化正确的尊称"××老师"的行为。

○对不兼容行为的差别强化（Differential Reinforcement of Incompatible behavior, DRI）

不兼容行为是指无法同时进行的行为，比如"吮指行为"和"用双手操作游戏机"，这两者在物理条件上无法同时进行。因此，强化"用双手操作游戏机"的行为，就可以实现该行为对"吮指"的问题行为的替代。

○对其他行为的差别强化（Differential Reinforcement of Other behavior, DRO）

如果问题行为在一段时间内没有出现，我们就强化这段时间内孩子正在进行的其他适当行为。例如，如果孩子在 5 分钟内没有出现离开座位的行为，一直保持安坐，我们就予以鼓励。如果他在座位上做出了一些尚可以接受的行为，我们就可以对这些行为进行强化。

在选择替代问题行为的目标行为时，有以下三种思路。

思路A：找出具有相同功能的适当行为（功能等价的行为）。

例1："发脾气（讨厌！）"→"老师，我不想做"

例2："咬手指"→"咬口香糖"

思路B：引导正确行为（"不做××"变为"做××"）。

例3："不完成任务"→"完成任务"

例4："孩子没有做作业，妈妈让他去做时，孩子就开始发脾气"→引导孩子"做作业"

思路C：寻找可以妥协的、考虑了孩子的特点的目标行为。

例5：（可以妥协的目标行为）"上课时睡觉"或者"上课时对课堂学习内容不感兴趣"→"不睡觉，阅读自己喜欢的书"

例6：（考虑了孩子的特点的目标行为）"在学校集会等人多的场合中紧张或者兴奋"→"戴上耳机，一边听音乐一边参加集会"

考虑如何培养"习惯"。

对于孩子不擅长的或难以忍受的事，在有些情况下，我们需要系统地、渐进地引导他适应。例如，由于感知觉的反应过度，孩子可能难以参加人员众多的集体活动。我们虽然可以考虑不再强迫他参与这类活动，但也可以鼓励他，循序渐进地引导他从"时间短、人数少"的活动开始，慢慢地过渡到"时间长、人数多"的活动。例如，我们可以先带他试着"去开展集体活动的场地看一看"，然后引导他试着"待上5分钟"，再继续尝试让他"只在队伍后面的位置待上5分钟"，进而引导他试着"一直在队伍后面待到活动结束"，如此分阶段地逐渐接近目标。此外，在这种引导过程中，我们不能只依靠孩子的"忍耐力"，还应该结合一些其他措施，比如让孩子携带可以让自己感到安心的物品，或者设置计时器等。

（2）针对行为功能提供支持的原则

为了解决问题行为，我们必须针对问题行为的功能，采取与功能相符的支持策略。以下是针对四种功能的支持方法。

①针对"获得物品/参与活动"的功能

☞**提前了解!**

○我们需要先了解孩子当前表达自己要求获得某个物品或参与活动的手段,然后有针对性地找到适合的替代行为。

○即使孩子能够以适当的方式表达自己的需求,我们可能也无法保证总能满足他的要求。"要求购买某物"就是一个常见的例子,我们可能需要考虑教他如何接受"今天可能不行,明天吧"的回应。

支持策略①:逐步用适当行为替代问题行为。

我们可以采用前文介绍的 DRA 策略。例如,如果孩子出现了适当的提要求行为,比如说"请给我××!"(正确的语言表达),那么这个正确行为就要得到强化(我们要满足其要求)。相反,如果孩子出现了不适当的提要求行为,比如击打自己的头部,那么这个行为就不能得到强化(我们不能满足他的要求),我们应该引导孩子做出适当的提要求行为。下面给出的例子是"引导提要求行为的教学步骤"。

○情境设置:我们将孩子喜欢的物品放在高处(动因操作)。

步骤①:我们先轻轻晃动孩子喜欢的物品(引起孩子的兴趣→明确展示区辨刺激)。

步骤②:我们可以等待一会儿,观察孩子能否做出目标行为(时间延迟)。

步骤③:如果孩子没有做出目标行为,我们就提供阶段性的帮助(辅助)。

步骤④:当目标行为出现时,我们立刻满足孩子的要求,并给予"口头表扬+微笑+挠痒痒"等奖励。

支持策略②:教孩子掌握自主满足需求的技能。

○例如,如果一个孩子在要求听音乐时击打自己的头部,那么我们可以教他如何自己操作音乐播放器。不过,一旦他学会了这项操作技能,他就有可能出现另一个问题,即在需要停止播放音乐时,他是否有能力自己做出结束音乐的操作。

○例如,如果一个孩子在饭后还想吃时击打自己的头部,那么我们可以教他掌握自己添加饭菜的技能。不过,同样,我们需要教会他"添加到一定程度就停下来"的技能。

支持策略③：增强忍耐能力（即便是一个适当的提要求行为，我们也有可能无法马上满足其要求）。

○例如，孩子在休息时间进行喜欢的捕虫活动，这时，如果我们告诉他"到时间了，该结束了"，他可能就会变得暴躁起来并表示"我还想继续玩！"在这种情况下，如果我们允许孩子继续玩一会儿，他的情绪可能会逐渐平息。但是，总这样可行吗？对于这种情况，我还是建议尽可能地引导孩子按时结束当前的休息时间，进入下一项活动。下面是针对此种情况的一个分阶段处理办法（图1-9）。

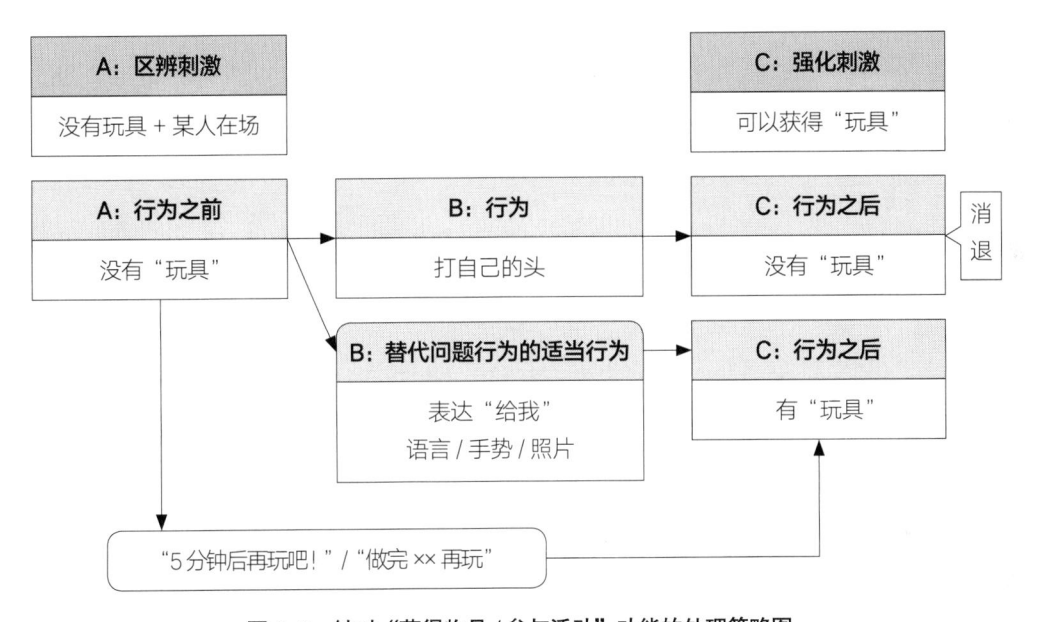

```
┌─────────────────┐              ┌─────────────────┐
│ A：区辨刺激      │              │ C：强化刺激      │
├─────────────────┤              ├─────────────────┤
│ 没有玩具 + 某人在场│              │ 可以获得"玩具"   │
└─────────────────┘              └─────────────────┘

┌─────────────────┐  ┌─────────┐  ┌─────────────────┐ ┌──┐
│ A：行为之前      │→ │ B：行为  │→ │ C：行为之后      │ │消│
├─────────────────┤  ├─────────┤  ├─────────────────┤ │退│
│ 没有"玩具"       │  │ 打自己的头│  │ 没有"玩具"       │ └──┘
└─────────────────┘  └─────────┘  └─────────────────┘
         │
         │           ┌──────────────────────┐ ┌─────────────────┐
         │           │ B：替代问题行为的适当行为│→│ C：行为之后      │
         │           ├──────────────────────┤ ├─────────────────┤
         │           │ 表达"给我"            │ │ 有"玩具"         │
         │           │ 语言/手势/照片         │ └─────────────────┘
         │           └──────────────────────┘
         ↓
┌─────────────────────────────┐
│ "5分钟后再玩吧！"/"做完××再玩"│
└─────────────────────────────┘
```

图1-9 针对"获得物品/参与活动"功能的处理策略图

应对方案①：坚决不满足孩子的要求（消退），告诉他"现在不能这样！"

应对方案②：让孩子稍微忍耐一下，告诉他"等你做完××，我们再玩这个！"或者"5分钟后我们再玩吧！"或者"10点30分的时候我们再玩吧！"或者设置好计时器并跟孩子说"等闹钟响了我们再玩吧！"

应对方案③：给予宽限时间，让孩子再玩一小会儿，然后结束，"再玩5分钟，到时就结束啊！"逐渐缩短宽限时间。

应对方案④：从一开始就在日程安排中做好明确的计划，提示孩子"捕捉昆虫活动"的具体时间，并引导孩子了解。

②针对"获得关注"的功能

☞提前了解!

○我们需要了解孩子当前获得关注的手段,并找出他能够做到的适当的替代行为。

○我们需要对问题行为之外的其他行为给予关注(图1-10)。

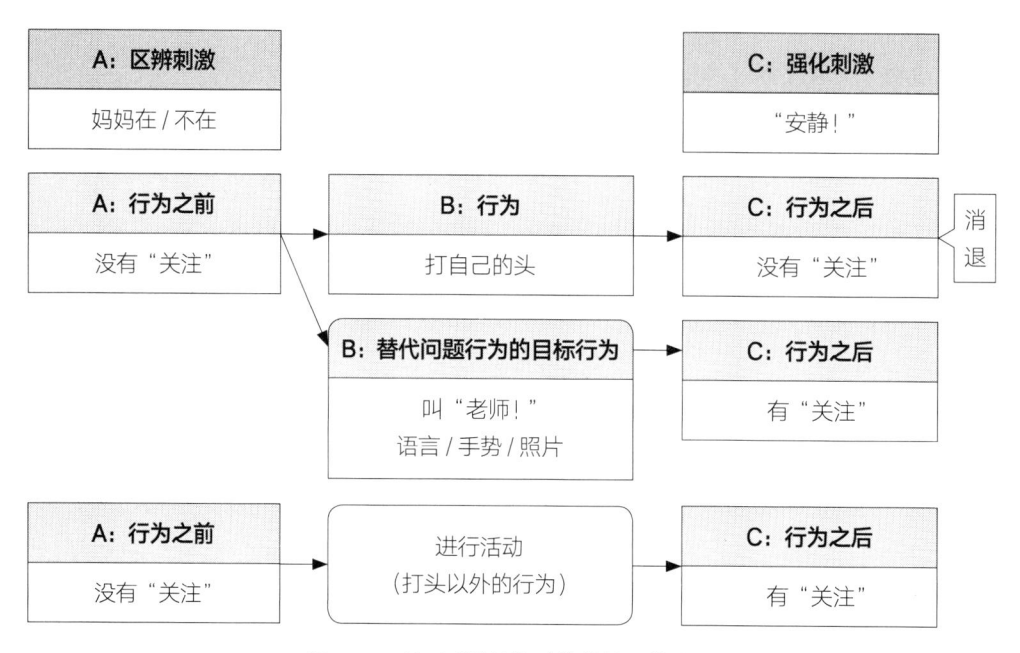

A: 区辨刺激		C: 强化刺激
妈妈在/不在		"安静!"

A: 行为之前	B: 行为	C: 行为之后	
没有"关注"	打自己的头	没有"关注"	消退

	B: 替代问题行为的目标行为	C: 行为之后
	叫"老师!" 语言/手势/照片	有"关注"

A: 行为之前	进行活动 (打头以外的行为)	C: 行为之后
没有"关注"		有"关注"

图1-10 针对"关注"功能的处理策略图

支持策略①:用适当行为替代问题行为。

我们可以使用前文介绍的 DRA 策略。例如,对于孩子恰当的吸引关注的行为,比如喊"老师!"就要给予强化(马上给予关注)。同时,对于不当的吸引关注的行为,比如"击打自己的头",则不予强化(不给予关注)。另外,我们可以通过示范、积极练习等办法,引导孩子发展出适当的行为形态。

支持策略②:强化问题行为之外的其他行为。

我们可以使用前文介绍的 DRO 策略。在孩子没有出现问题行为时,我们应该强化(给予他关注)他正在进行的其他各种行为(不限于某个特定行为)。

支持策略③:让孩子逐渐适应独处的环境,适应在一段时间内不被关注的情况。

有些孩子习惯于得到过度的关注，或者希望一直受到他人的关注。对此，我们可以引导他们逐渐适应短时间内无人关注的情况，逐渐增加他们能够独处的时长，并帮助他们找到一些能独自开展并令他们感到安心的活动。

③针对"逃避/回避"的功能

☞提前了解！

我们需要分析任务的难度、孩子对任务的兴趣，以及孩子对不可预测的事情的接受程度等，了解哪些因素会让孩子感到厌恶。

支持策略①：消除厌恶事件。

○通过他人的处理消除厌恶事件，尽量减少孩子遇到厌恶事件的机会。

○教孩子自己采取措施消除厌恶事件。我们可以教孩子在即将遇到厌恶事件时积极地避开，或者提前回避已经预测到的厌恶情况。例如，"离开现场"或"大声要求对方停下来"等。

支持策略②：改变或调整厌恶活动（降低刺激的讨厌程度）。

降低讨厌程度的办法有几种。

○降低任务的困难程度：例如，降低任务的难度，或者在困难任务中间插入简单任务，避免长时间执行困难任务等。

○对于孩子缺乏兴趣的活动，提前告知他活动规则：例如，"如果你完成了××，就可以去做你喜欢的××。"也可以让孩子自己选择参与的活动和先后顺序。

○提高孩子的预测能力：例如，事先向孩子出示图片，提供日程表或关于任务步骤的视觉提示，或者将相对费时的任务分割成若干个相对省时的任务等。

支持策略③：让孩子逐渐习惯做他不喜欢的事情。

○孩子不愿意去学校可能是因为他厌恶的事情与学校相关，我们可以渐进地鼓励他去学校，比如像下面这样设置小步骤，孩子每完成一步就给予他积极的鼓励。

步骤①：在校外的时间里与班主任接触。

步骤②：放学之后去学校。

步骤③：放学之后去学校并参加一些活动。

步骤④：在学校的上课时间里，去其他某间教室（3天）。

步骤⑤：在学校的上课时间里，去其他某间教室（5天）。

步骤⑥：步骤⑤+参加自己班级的某门特定课程（每天只上1节课，课程由孩子自己选择）。

步骤⑦：步骤⑤+参加自己班级的某门特定课程（每天只上2节课，课程由孩子自己选择）。

步骤⑧：……进一步引导孩子参加更多的课程。

〇孩子对很多人一起参与的集体活动（比如大家一起玩的游戏，或者全校大会或年级集会等活动）有抵触情绪，可能是因为他难以忍受人头攒动的视觉刺激或嘈杂喧嚣的声音刺激，也可能是因为他对这类集体活动的进程缺少明确的预期而感到不安。我们同样可以鼓励他渐进地参与此类集体活动，比如设置下面这样的小步骤，并对孩子的每一个进步都给予积极的鼓励。

步骤①：在集体活动中，让孩子处于活动场所后方稍远的地方，可以允许他自由离场。

步骤②：在集体活动中，让孩子处于活动场所后方稍远的地方，逐步延长他在那里的时间。

步骤③：在集体活动中，让孩子与大家处在同一区域参与活动（携带能让他安心的物品，需要注意，在最初阶段可以不要求他参与活动）。

步骤④：在集体活动中，让孩子与大家处在同一区域参与活动（携带能让他安心的物品，可以提前让他观看展示视频，了解活动内容，还可以在与他商量之后，鼓励他参与部分活动）。

步骤⑤：……进一步引导孩子取得更多的进步。

支持策略④：教孩子掌握具有相同功能的替代行为。

〇我们可以采用前文介绍的DRA策略，教孩子掌握与问题行为具有相同功能的口语表达技能，例如，教孩子说"我不要""我不想做"等。

支持策略⑤：教孩子掌握寻求帮助以消除厌恶刺激的行为。

〇教孩子学会通过正确表达来寻求帮助，从而帮助他消除厌恶刺激，例如，教孩子表达"我不懂""请你教教我""请帮帮我"等（图1-11）。

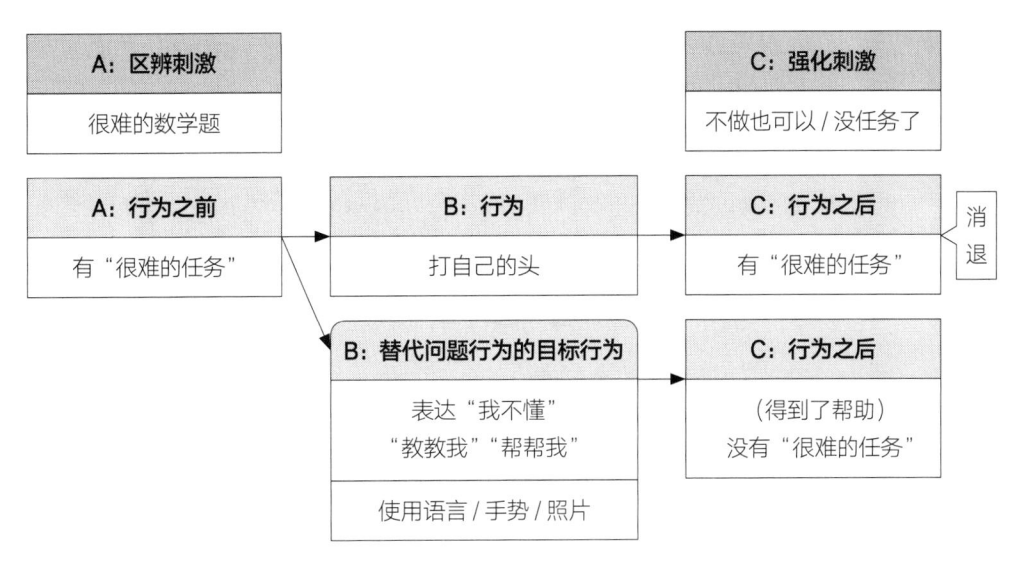

```
┌─────────────────┐                          ┌─────────────────┐
│  A: 区辨刺激     │                          │  C: 强化刺激     │
├─────────────────┤                          ├─────────────────┤
│  很难的数学题    │                          │ 不做也可以/没任务了│
└─────────────────┘                          └─────────────────┘

┌─────────────────┐    ┌─────────────────┐    ┌─────────────────┐  ┐
│  A: 行为之前     │───▶│  B: 行为         │───▶│  C: 行为之后     │  │消
├─────────────────┤    ├─────────────────┤    ├─────────────────┤  │退
│ 有"很难的任务"   │    │  打自己的头      │    │ 有"很难的任务"   │  │
└─────────────────┘    └─────────────────┘    └─────────────────┘  ┘
                       
                       ┌─────────────────────┐    ┌─────────────────┐
                       │ B: 替代问题行为的目标行为│───▶│  C: 行为之后     │
                       ├─────────────────────┤    ├─────────────────┤
                       │  表达"我不懂"        │    │  (得到了帮助)    │
                       │  "教教我""帮帮我"    │    │ 没有"很难的任务" │
                       ├─────────────────────┤    └─────────────────┘
                       │  使用语言/手势/照片  │
                       └─────────────────────┘
```

图 1-11 针对"逃避/回避"功能的处理策略图

④针对"获得感官刺激（自我刺激）"的功能

☞**提前了解!**

我们需要了解孩子喜欢怎样的感官刺激，他很享受和喜欢的活动是什么，并寻找其他会给他带来愉悦的活动。

支持策略①：基于孩子喜欢的感官刺激开展相应的社交游戏。

○跳跃→在蹦床上跳（一个人）→和老师一起跳→和老师手拉手跳→和其他孩子轮流跳。

○看闪闪发光的东西→展示闪闪发光的玩具→一起玩→有目光接触或提出请求后一起玩闪闪发光的玩具→引导孩子走过来，一起玩闪闪发光的玩具。

支持策略②：替换为不能兼容的其他行为（具有相似的感官刺激的行为）。

我们可以采用前文介绍的 DRI 策略，强化无法与问题行为同时进行的行为。在下例中可以考虑的方案：

○打自己的头→强化孩子玩游戏机、敲鼓等行为。

○晃手→强化孩子做编织、做手工等行为。

○抓住女教师的手臂→强化孩子玩捏软球、柔软物品等行为。

○吮吸手指（给嘴唇和口腔的某些部位带来按压感觉，给湿润的手指带来触觉）→强化孩子使用手指进行游戏行为。

支持策略③：引导孩子利用其他感觉获得乐趣（增加孩子参与的享受其他感觉的活动）。

要想让孩子能够利用其他感觉获得乐趣，就需要提高孩子的整体发育水平。例如，我们可以创造相关的活动机会并提供支持，让孩子利用下面的其他感觉参与游戏并获得享受，帮助他积累多种体验（图1-12）。

○触觉和身体感觉→触摸泡泡纸或黏土，进行跳跃、旋转等活动。
○视觉→玩闪闪发光的、飘动的物品等。
○听觉→用喜欢的音乐进行游戏等。
○嗅觉→用精油或有喜欢的气味的物品进行游戏等。

增加可带来感官刺激的游戏（帮助孩子消除无聊，给他安排要做的事）

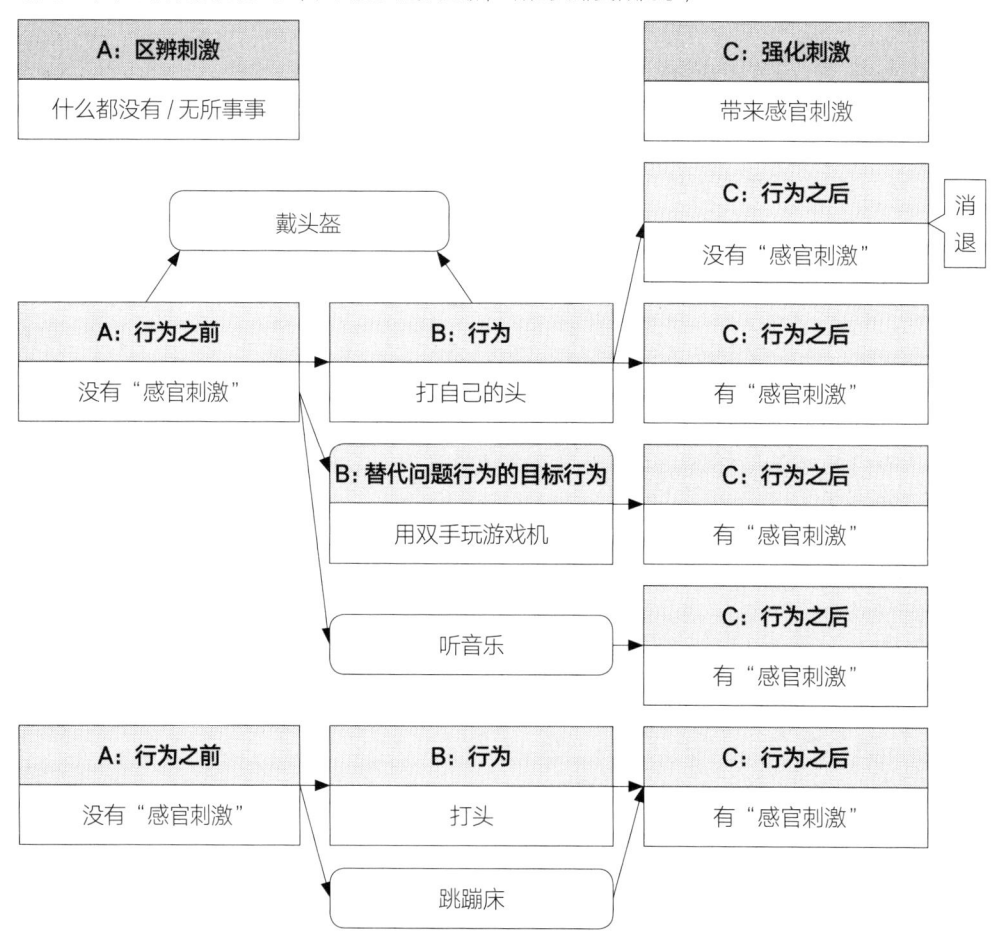

A：区辨刺激		C：强化刺激
什么都没有／无所事事		带来感官刺激

A：行为之前	B：行为	C：行为之后
没有"感官刺激"	戴头盔	没有"感官刺激"（消退）
	打自己的头	有"感官刺激"
	B：替代问题行为的目标行为 用双手玩游戏机	有"感官刺激"
	听音乐	有"感官刺激"

A：行为之前	B：行为	C：行为之后
没有"感官刺激"	打头	有"感官刺激"
	跳蹦床	

图1-12　针对"获得感官刺激（自我刺激）"功能的处理策略图

如上所述，我们有必要重视行为的功能，并根据功能考虑相应的对策。例如，如果一个行为的功能是获得关注，那么，继续责骂显然会使问题行为继续存在，这时我们就需要改变处理策略。

此外，某些问题行为可能具有不止一个功能，而是同时具有两三个功能。例如，在课堂上，"捣乱，引起骚动"的行为除了具有暂时中断上课的逃避功能，可能还具有获得老师、同学反馈的获得关注的功能。在这种情况下，我们还需要考虑能够应对多个功能的支持方案。

专栏 3

即便如此，我们也还是会有遇到不顺的时候 I

我撰写本书的目标是将理论和实践有机结合起来。我自己就是先从书籍和论文中获取知识，然后付诸实践的。在这个过程中，我把通过学习获得的知识与自己的实践经验结合在一起，思考如何运用掌握的理论解释那些在实践中遇到的问题。然而，显而易见的是，实践过程并非总是一帆风顺的，但我坚信，从失败中学到的东西要比从成功中获得的经验更珍贵。

有一次，我在巡视某个幼儿园时，接到了老师们关于发育障碍儿童的咨询。尽管当时我的经验远不如今天，但我仍非常渴望自己的知识能派上用场。更确切地说，我当时认为最重要的就是提出好建议，因为我觉得自己身为专家，有责任提供这样的建议。然而，当我在幼儿园建议老师们这样做的时候，并没有得到我期待的积极反应。我急于求成，于是越发积极且具体地建议他们"这样做，那样做，教孩子学会这个"，或者"接下来制作视觉提示形式的时间表"，等等，但是，我说得越多，老师们就越不满意。这种事不仅发生在幼儿园，在普通中学的班级里，我也遇到了。当我向老师们建议"要不，你们试试这样做？"的时候，有时会遭到强硬的拒绝，例如，老师们会说"我们没有多余的时间来做你说的"，或者反问"我们为什么要为那些缺乏自觉性、主动性的学生改变自己的教学方式呢？"

我从这些案例中认识到，在这个过程中，我没有考虑到"对于那些老师来说，他们在为学生提供支持时，他们的支持行为的强化物是什么"，也忽视了"那些支持和指导的可行性"和"那些老师固有的思维模式和价值观"。当然，随着时代的变迁，我的那些建议如今也开始逐渐被他们接受了。这是因为随着时代的进步，社会环境在不断变化。虽然那些固有的观点至今尚未完全被淘汰——事实上，它们仍然存在，但是通过反思这些挫折经历，我清楚地认识到自己在未来的服务当中需要仔细关注的一些问题。

第 2 章

针对问题行为提供咨询服务的思考方式

一、提供咨询服务的基本原则

1. 不同类型的咨询服务

在日常生活中，我们经常需要咨询他人，咨询学业、人际关系、职业、恋爱等各种问题。我们为什么需要向他人咨询呢？通常有两种情况，一种是通过"倾诉自己的问题和他人的倾听"获取支持，另一种是进一步地"为过去、现在和将来的问题寻找解决方案"，从而让服务对象获取支持。在这个过程中，如果涉及的问题比较复杂或者具有高度特殊性，那么提供咨询服务的支持者就需要具备一定的专业资质。

在教育领域，由于与学校生活相关的事情和学龄期儿童的问题多种多样，因此有相应的教育咨询。在社会福利领域，无论是儿童还是成年人，他们在生活中都可能遇到各种困扰（咨询者遇到的困难）。为残疾人提供的服务当中，日本有专门提供"咨询服务"的机构，咨询服务包括基本咨询、规划咨询、社区咨询（社区过渡服务／社区融入服务）。

总之，需要接受咨询的服务对象有着各种不同的需求，可能会提出各种各样的问题，而提供咨询服务的人的身份和背景各不相同，能够提供的支持服务也存在着多种形式和方法，例如，学校教育（学校教师等）、心理学（可能是基于临床心理学、教育心理学、发展心理学等不同心理学理论的心理咨询师）、社会福利（社会福利专家、心理健康专家等）、医疗卫生（医生、护士等）、工业／商业（工程咨询师、商务咨询师等），等等。它们之间当然存在交叉领域，尤其是在跨行业协作已经变得必不可少的今天。总之，我们需要以个案为中心确定支持方向，进行角色分工，并且需要有关键人物推动个案问题的解决。

如前所述，本书以心理学，特别是应用行为分析这门学科为主题，目的是帮助读者建立对问题行为的科学认识，做出行为评估，并制订出相应的行为支持计划。

此外，咨询过程中需要解决的问题千差万别。本书讲解的咨询和支持，重点关注的是那些已经获得医学诊断的发育障碍人士或者尚未获得诊断但存在相关倾向的人士所表现出的问题行为。

2. 直接为服务对象开展的咨询服务和支持

咨询服务有多种形式。最常见的是咨询师直接与服务对象进行交谈，例如，服务对象与咨询师开展一对一的会谈（图2-1-1）。在这种形式下，咨询师需要倾听服务对象讲述的困扰，询问相关信息，从而确定问题的根源。此外，除了理解服务对象处在困扰中的感受，咨询师还应与服务对象一起讨论，对可能的多种解决方案进行比较，权衡利弊，并最终根据服务对象的选择确定未来的应对方案。当然，咨询师一方面会提供几种解决方案供服务对象选择，另一方面会明确指出其中自己最为推荐的方案。然而，当发育障碍人士作为服务对象进行这样的咨询时，咨询师常常很难收集到有关服务对象的困扰感受和过往经历的客观信息。请参考本书后面关于"为发育障碍人士提供咨询服务的要点"（第3章）。

```
┌─────────┐          ┌─────────┐
│  咨询师  │  ──▶    │ 服务对象 │
└─────────┘          └─────────┘
           直接咨询服务
```

图2-1-1　咨询服务的类型（1）——向发育障碍人士提供直接的咨询服务

3. 间接的咨询服务

近些年来，咨询服务已渐渐地广为人知。在辞典当中，咨询服务的定义如下：

咨询服务（consultation）是指咨询、协商、求助、诊断、专家会议等各种形式的讨论服务。咨询师（consultant）是指可以提供专业意见的职业人士或顾问，可以为服务对象提供处理问题的方案。此外，它的英文动词形式consult表示"听取专家的意见，向专家寻求建议，接受诊断"。

在日本国立特别支援教育综合研究所的网站上[1]，咨询服务被定义为"具有不同专业背景的团队成员针对服务对象提出的问题共同探讨出更好的支持方式的过程"。运用自己的专业知识协助其他专家的人被称为"咨询师"，而接受支持的人被称为"咨询人"（consultee）。通常，在一个咨询团队中，咨询师会连同两位专家协助咨询

---

[1]　日本国立特别支援教育综合研究所的网址：https://www.nise.go.jp/nc/

人,帮助咨询人更有效地处理工作中遇到的特定问题,最终使得咨询人所支持的服务对象受益,如图 2-1-2 所示。

```
咨询师向咨询人           咨询师(提供专业建议)
提供间接的支持
                ↓
         咨询人  ——→  服务对象
         咨询人向服务对象提供直接的支持
```

图 2-1-2 咨询的类型(2)——面向家长或支持者的咨询服务

咨询服务还有一种形式是合作咨询(图 2-1-3)。咨询服务通常由三方共同参与(咨询师、咨询人、服务对象),而在合作咨询这种形式中,咨询人可以不止一个。例如,学校的教师与家长,学校的教师与放学后托管的服务人员等。在进行合作咨询时,咨询师会从咨询人①(如学校教师)和咨询人②(如家长)这两方获取相关信息,了解他们各自的观点、理解问题的方式和想法,并与大家分享收集到的信息,这样有助于消除各方之间可能存在的误解和冲突,最终协调各方相互合作,朝着共同目标迈进。这说起来容易,做起来并不简单。合作咨询是一种相当具有挑战性的服务和支持形式。所有人都需要从始至终地将对问题行为的 ABC 分析作为一项共识,以这样的思考方式统一地看待问题行为,确保谁也不会偏离轨道。只有在这样的合作中,各方才可以朝着共同方向前进。

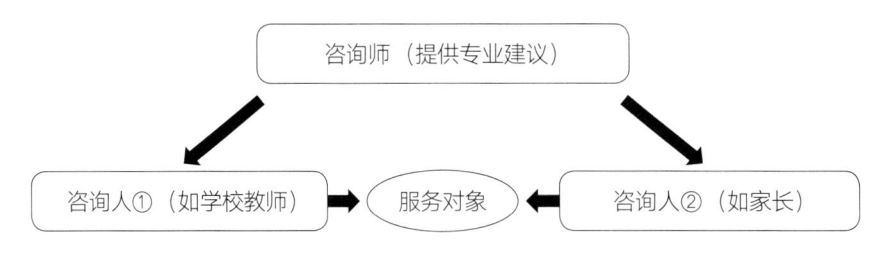

```
              咨询师(提供专业建议)
             ↙                  ↘
咨询人①(如学校教师) → 服务对象 ← 咨询人②(如家长)
```

促成咨询人①和咨询人②之间的联合协作(共享信息)的咨询支持的方式

图 2-1-3 咨询的类型(3)——合作咨询

4. 咨询服务的步骤

无论是与服务对象直接进行交谈的服务，还是通过间接的方式进行咨询的服务，都包括以下四个步骤。只有遵循这些步骤，咨询师才能成功地提供咨询服务。

步骤①：问题的识别（problem identification），即问题是什么（What）。

步骤②：问题的分析（problem analysis），即问题为什么发生（Why）。

步骤③：干预的实施（intervention implementation），即为解决问题而付出的努力（Do）。

步骤④：干预的评估（intervention evaluation），即问题在多大程度上得到了解决，如果干预计划没有产生效果，就需要重新考虑（Re-Do）。

这个过程，无论是面向障碍人士的教学计划，还是面向企业的改善计划，几乎都是相同的。换句话说，咨询就是通过实施这四个步骤实现的。然而在实际的咨询服务中，有的服务对象只做了一次咨询就没有下文了，有的就算咨询师给出了建议，也无法了解后续的情况了。因此，咨询师应该尽最大努力，在一切可能的条件下开展完整的咨询服务。

专栏 4

即便如此，我们也还是会有遇到不顺的时候 II

咨询师很重要的一项任务就是认真听取服务对象和相关人员（如家长、支持人员、冲突对象等）的意见。咨询师在确认发生了什么（客观事实）的同时，必须从服务对象那里了解为什么会出现这些情况，了解他们当时的感受、观点和情感（主观事实）。

本书后文介绍的一个案例涉及中学生搂抱异性的情况。在那个案例中，我们先从学校的多位老师那里收集到了一些与之前发生的事件有关的信息（客观事实）。但即便是这些学校的老师，他们每个人对事件的描述也各不相同。因此，我们没有把大部分精力放在收集各位老师的看法上，而只是询问他们"发生了什么？怎么发生的？"同时，我们让服务对象讲述了自己当时的感受、想法和情感（主观事实）。当然，只有建立在良好关系的基础上，服务对象才有可能愿意向我们倾诉。

值得一提的是，那位搂抱异性的学生说："如果我喜欢的人能对我说她也喜欢我、要和我结婚，或者拥抱我，那我会很开心。所以，我才会对我喜欢的她这样做。可是我不知道为什么她不高兴。"当时，我对他说："你喜欢吃咖喱饭，对吧？但是，不是所有人都喜欢吃咖喱饭，也有人不喜欢吃咖喱饭，因为每个人的想法和感受都不一样。"我告诉这位学生："假如我们强迫一个讨厌咖喱饭的人吃咖喱饭，那么他会怎么想呢？"或许，当时这位学生并未能完全接受我的劝导，但我感觉他已经把我的话放在了心上。在这个案例中，最终决定今后怎么做的其实是服务对象自己，因此，我认为服务对象需要一定程度的"接受"，这样才能在将来维持自己的积极行为。

另一个案例发生在我担任某中学的学校咨询师时，一位学生在咨询室向我诉说"我实在无法原谅那家伙（某位同学）"。听完他的描述后，我发现冲突双方都存在问题，但我依然仔细聆听他的讲述，并给予"是啊，是啊"之类的回应鼓励他说下去，这位学生也就越来越愿意向我倾诉了。如此一来，他渐渐成为我的咨询室的常客，有什么事都会来找我谈谈。某种程度上，我们之间建立了良好的关系。然而，随着时间的推移，我发现他越来越频繁地与我谈论"我就是无法原谅那家伙，我想要报复他"这个话题。其实，在这个案例中，单纯的倾听已经不够了，我们很有必要开始一起思考"如何面对实际生活，采取怎样的做法"等问题了。对此，我也做了深刻反省，认识到是我导致他们两人之间的关系变成这样的，无论他是否真的有那些想法，只要一看到我，就会与我谈论关于"怨恨和痛苦"的话题。因此，虽然倾听对我们咨询师来说很重要，但是，更为重要的是考虑"应该怎么办"这个实质话题。

二、咨询支持的要点

1. 整理和确定问题，与咨询人建立情感联系

与咨询人建立情感联系，是基本的咨询原则，也就是说，作为咨询师，我们应该如何在咨询中做出回应。再有，在咨询中，如果咨询人说"问题很多"，我们就需要对"问题"进行整理。例如，我们可以像下面这样提问：

○"你能不能列举出三个最麻烦的问题？"

○"你认为最麻烦的问题是什么？"

○"我们来整理一下，情况大致是这样的：他在争抢东西的时候，刚开始是吵架，然后逐渐激动起来，开始动手打对方了，如果有人过去制止，他反而会更激动，会持续攻击下去，直到对方哭了为止。是这样吗？"

如果咨询人提出了很多感到困扰的问题，那么我们应该关注首先需要处理的问题行为，并找出这些问题行为的常见模式。

（1）对【A】的整理

我们需要倾听并收集信息，了解引发问题行为的"大环境"和"行为发生之前的条件"，并做出具体描述；按不同的条件梳理，找出在哪些情况下问题行为最容易出现。如果咨询人在对话中描述得模糊不清，我们就要更仔细地询问相关的信息，使对情况的描述具体化。

○"举个例子，这是在什么时候发生的？"

○如果咨询人说"他在不顺心的时候，就会发生问题行为"，那么我们继续询问"不顺心的时候指的是什么时候？"如此将这个信息进一步具体化。"你举个例子吧，他有哪些不顺心的时候？"就算咨询人未能举出例子，我们也可以引导性地列举一些常见的事例，比如，"他在 A 的时候，或者在 B 的情况下，会怎么样？"例如，"他在游戏中输了或者无法玩游戏时，会怎么样？"或者"他在足球训练场上或其他场景（比如和兄弟姐妹一起玩耍）中，会怎么样？"等。

（2）对【C】的整理

我们需要了解问题行为发生后，周围的人通常是如何应对的？以下是一些可能需要问的问题：

○ "在那样的情况下，你们是如何应对的呢？"

○ "你那样处理之后，会发生什么呢？"

○ "事情最后会以什么方式结束呢？"

此外，我们还需要找出哪些处理可能会助长问题行为，以及哪些处理能够尽快结束该行为。

○ "以往，你采用什么处理措施能够更快地结束他的这个问题行为？"

○ "你如果尝试着忽视这个行为，会发生什么情况？"（这个可以用来考虑将来的应对方案。）

（3）对问题行为常见的具有代表性的表现形式进行检查和总结

我们应该将需要处理的问题行为【B】的数量限定为1个，而对【A】和【C】的描述可以有多种。

对【A】的检查：在什么时间、什么场景/情境中，在怎样的契机下发生。

（从宏观角度来看）什么时间段、什么场景/情境、在哪里、谁在场，等等。

（只考虑行为即将发生前的直接条件）行为即将发生前出现了什么契机。

对【B】的检查：发生了什么样的行为，对行为表现做具体的描述。

对【C】的检查：问题行为发生后，服务对象获得了什么样的强化，或者逃避了什么。

○ 目前采取的处理措施有哪些，以何种方式收场。

○ 问题行为出现前后，环境发生了什么变化，哪些东西"从无到有"或"从有到无"。

○ 问题行为具备怎样的功能，获得了什么结果。

2. 环境评估的必要性

正如前文多次提到的，行为可以被看作"个体与环境相互作用的结果"。问题行为也是如此，即使我们打算将问题行为替换为适当的行为，选择的替代行为能否实现也取决于行为发生的环境。问题行为应被看作"发育障碍儿童与其生活环境之间的相互作用"，因此，我们很有必要进一步考虑如何帮助他在实际生活环境中做出适当行为。生活环境涉及哪些人与物，对这些信息的了解就是所谓的环境评估。

环境评估旨在了解影响行为的实际环境状况。具体地说，我们需要着重了解以下几个方面：支持者的能力、思想和价值观；支持者周围的环境（服务对象对支持者的态度，其他人对支持者的理解和帮助）；行为发生的环境（例如，如果是在学校发生的问题，就需要考虑服务对象所在班集体的情况，了解同学中有没有可以合作的伙伴）。我们在咨询中非常重视这样的环境评估，咨询支持的目标就是减少问题行为并建立我们需要的适当行为。

行为咨询的关键在于以下两点（平泽，2003）。

①技术合理性（technical sound）：支持计划是否与功能评估及行为分析的基本理论具有逻辑上的一致性？

②情境合理性（contextual sound）：支持计划是否与服务对象及其支持者等相关人员在价值观、能力方面以及应用场景中配备的可操作资源相匹配？

要想提高支持计划的可行性，我们就必须考虑它与当前环境的匹配度。即使支持计划是正确的，若无法执行或不去执行，也没有意义。另外，当前环境并不总是与它完全匹配。例如，在教育上对儿童严格要求，这在东亚国家的父母的理念和价值观中，也许常常被视为理所应当，但是，咨询师应该努力争取改变这类观念上的某些环境因素（例如，改变父母的育儿技巧，改变他们固有的思考方式和某些价值观）。

此外，支持不是一时的事情，需要有持续性。因此，我们需要对支持者的行为提供强化，并思考如何维持支持者所做出的努力，例如，让支持者获得周围协助他的人的认可，提供定期与咨询师讨论的机会（并对此进行强化），帮助支持者实现自我奖励等。

3. 将"问题行为"转变为"适当的替代行为"的咨询表

下面我将介绍几个可以在咨询服务过程中使用的表格。毫无疑问的是，咨询师与咨询人之间需要协作，统一对问题行为的理解，并共同思考支持方案。双方共享 ABC 分析的框架内容，聚焦在同一方向上，一起使用这些表格，可以让这种协作关系更加紧密。

（1）用于制订问题行为支持计划的环境评估备忘录

表 2-2-1 中的环境评估备忘录（用于教育咨询）是学校应用的版本，咨询师将从咨询人那里获取的信息填写进去。

表 2-2-1　用于制订问题行为支持计划的环境评估备忘录（用于教育咨询）

咨询人：		学校名称：	
（咨询形式） □ 巡回咨询　□ 班主任咨询　□ 校委会 □ 其他 □ 参加者（　　　　　　　　　　　） 　（提供资料） □ 个别化教育支持计划　□ 个别化指导计划 □ 其他（　　　　　　　　　　　）		家庭情况：	
服务对象–儿童/学生姓名：		学年（　　年级　　班）	
服务对象–儿童/学生的相关信息	男/女	班级	人（男生：　人　女生：　人）
有/无诊断	诊断名称：	班级情况	
行为特征		班级支持中的关键学生的相关信息	
		班级中其他有问题行为的儿童/学生	

(2)用于制订问题行为支持计划的现状分析/备忘录

咨询师在与咨询人进行访谈时,可根据表 2-2-2 中的框架记录收集到的信息。但是,在实际访谈过程中不必太拘泥于这个框架。表格的上半部分记录问题行为的 ABC 信息,下半部分记录可能有助于开展支持计划的信息。

表 2-2-2 用于制订问题行为支持计划的现状分析/备忘录

前提	
环境情况/动因操作	事前的状态/起因

填写评估信息(问题的现状)

行为	后果

前提	
环境情况/动因操作	事前的状态/起因

记录可能有帮助的支持方案

行为	后果

(3)将"问题行为"转变为"适当的替代行为"的计划表

表 2-2-3 是将"问题行为"转变为"适当的替代行为"的计划表。根据从访谈中获得的信息,咨询师应对问题行为进行现状分析(上半部分),然后做一个总结,提供指导并针对问题行为制订引导、支持、应对计划(下半部分)。

表 2-2-3　将"问题行为"转变为"适当的替代行为"的计划表

（现状分析）

前提	问题行为	后果
【事前的场景/状况】	【问题行为】	【行为后果】

↓

（今后；以适当的替代行为为目标的指导/支持计划）

前提	目标行为	后果
对【事前的场景/状况】的调整	【作为目标的适当的替代行为】	对【行为后果】的调整

下面我用两个案例示范如何填写这个计划表。

第一个案例（表2-2-4），在"现状分析"中，【A】填写的内容是"时间：语文课；地点：教室；场景：作为服务对象的障碍儿童的铅笔掉了，旁边的小朋友捡起来递给他"。【B】填写的内容是"他对同伴小朋友大声叫喊：'别拿我的铅笔！'"。【C】填写的内容是"同伴小朋友保持沉默或哭泣、反驳、抱怨。老师如果看到这个场景，就会批评服务对象"。

在填写"指导/支持计划"时，首先我们要确定【B】的内容，即作为目标的适当的替代行为，在这里，我们选择了"让服务对象对同伴小朋友说'谢谢'，然后接过铅笔"。在替代行为发生之后的【C】中，我们设定为"做好同伴小朋友的工作，引导同伴小朋友在服务对象做出相应的适当行为之后，报以微笑。同时，老师如果看到了，要马上大力表扬服务对象"。

此外，我们需要对【A】进行调整。提前教学：引导儿童在回顾上述情节时，使用图片或文字提示；为儿童做讲解，告诉他同伴小朋友并不是要拿走他的铅笔，而是要捡起来还给他。现场对策：引导同伴小朋友说"我帮你把铅笔捡起来了啊！"

表 2-2-4　将"问题行为"转变为"适当的替代行为"的计划表（案例①）

（现状分析）

前提	问题行为	后果
【事前的场景/状况】	【问题行为】	【行为后果】
时间：语文课 地点：教室 场景：作为服务对象的障碍儿童的铅笔掉了，旁边的小朋友捡起来递给他。	他对同伴小朋友大声叫喊："别拿我的铅笔！"	同伴小朋友保持沉默或哭泣、反驳、抱怨。 老师如果看到这个场景，就会批评服务对象。

↓

（今后；以适当的替代行为为目标的指导/支持计划）

前提	目标行为	后果
对【事前的场景/状况】的调整	【作为目标的适当的替代行为】	对【行为后果】的调整
（提前教学） • 引导儿童在回顾上述情节时，使用图片或文字提示。 • 为儿童做讲解："同伴小朋友并不是要拿走你的铅笔，而是要捡起来还给你。" （现场对策） 引导同伴小朋友说"我帮你把铅笔捡起来了啊！"	对谁说：对同伴小朋友说 怎么做：对同伴小朋友说"谢谢"，然后接过铅笔。	做好同伴小朋友的工作，引导同伴小朋友在服务对象做出相应的适当行为之后，报以微笑。 ＋ 老师如果看到了，要马上大力表扬服务对象。

第二个案例（表 2-2-5），在现状分析中，【A】填写的内容是"时间：午餐时间；地点：教室；场景：吃完喜欢的食物"。【B】填写的内容是"服务对象冲向食物桶，将菜都盛入自己的碗里"。【C】填写的内容是"他力气很大，如果看到食物桶里还有剩余的菜，就会盛来全部吃掉"。

在填写"指导/支持计划"时，我们要先确定【B】的内容，即作为目标的适当的替代行为，在这里，我们选择了"让服务对象对老师说'请帮我加菜'，并将碗递给老师"。在替代行为发生之后的【C】中，我们考虑了两种情况。如果是可以加菜的情况，就让老师表扬他"你说得很好"，并说"请拿好碗"，然后给他加菜。

如果是不可加菜的情况，就让老师出示空食物桶和"不可加菜"的提示卡，告诉他"今天没有了"，即便服务对象这时很生气，老师也应保持冷静，做好观察。

此外，我们需要对【A】进行调整。提前教学：在开始吃午餐前，老师告诉服务对象今天的分餐规则，告诉他吃完碗里的食物之后是否可以再去加菜。现场对策：老师制作"可加菜"和"不可加菜"的提示卡，贴在相应的食物桶上；在开始吃午餐后，老师根据当天的情况，出示写有"需要加菜请找老师"的卡片，并进行口头说明。

表 2-2-5　将"问题行为"转变为"适当的替代行为"的计划表（案例②）

（现状分析）

前提	问题行为	后果
【事前的场景/状况】	【问题行为】	【行为后果】
时间：午餐时间 地点：教室 场景：吃完喜欢的食物	服务对象冲向食物桶，将菜都盛入自己的碗里。	他力气很大，如果看到食物桶里还有剩余的菜，就会盛来全部吃掉。

↓

（今后：以适当的替代行为为目标的指导/支持计划）

前提	目标行为	后果
对【事前的场景/状况】的调整	【作为目标的适当的替代行为】	对【行为后果】的调整
（提前教学） • 在开始吃午餐前，老师告诉服务对象今天的分餐规则，告诉他吃完碗里的食物之后是否可以再去加菜。 （现场对策） • 老师制作"可加菜"和"不可加菜"的提示卡，贴在相应的食物桶上。 • 在开始吃午餐后，老师出示写有"需要加菜请找老师"的卡片，并进行口头说明。	对谁说：对老师说 怎么做：对老师说"请帮我加菜"，并将碗递给老师。	（可以加菜的情况） 老师表扬他"你说得很好"，并说"请拿好碗"，然后给他加菜。 （不可加菜的情况） 老师出示空食物桶和"不可加菜"的提示卡，告诉他"今天没有了"，即便他这时很生气，老师也应保持冷静。

对于这样的指导/支持计划，非常重要的是，要持续地执行，避免半途而废，应该保持一致性，至少连续执行两周。当然，如果在执行中在某些方面遇到了具有危险性的阻力，或者已经明显看出来难以成功，那么我们就需要对该计划进行修正。此外，我们还需要根据支持的进展情况（服务对象的行为表现），采用 PDCA 循环工作法① 对这个指导/支持计划进行微调。

---

① 编注：PDCA 原本是一个商务框架，内容包括：Plan（计划）、Do（执行）、Check（检查）、Action（改善）。PDCA 循环这个概念最早是由美国质量管理专家爱德华兹·戴明（Edwards Deming）提出的，起初应用于制造业的品质管理和提高生产效率，如今已经被广泛应用于商业活动的各个领域。

首先制订计划，然后执行，接着通过检查找出问题点，针对问题点进行改善，再制订新的计划，继续执行、检查、改善……这个计划、执行、检查、改善的循环就是"PDCA 循环"。（《PDCA 循环工作法》北京时代华文书局）

专栏 5

即便如此，我们也还是会有遇到不顺的时候 III

针对成年发育障碍人士的咨询服务，我经常会通过直接交流来进行，尤其是与孤独症谱系障碍人士的交流，对我来说很有趣，但有时也会遇到一些沟通上的挑战，让我难以确定我们是否真正明白对方表达的内容和观点。

孤独症谱系障碍人士通常不善于推测对方没有明确表达出来的意图，他们倾向于接受直接的字面信息。例如，孤独症谱系障碍人士在公司接电话时，如果对方问："请问 ×× 在吗？"他的典型反应可能是只回答"在"，之后就挂掉电话。而其他人一般会回答"在，请您稍等"，并告诉 ×× 有电话找他。在这个过程中，被问"×× 在吗？"时，孤独症谱系障碍人士仅仅回答"在"，虽然这个答案并没错，但对方实际要表达的意思是"如果 ×× 在，请他接电话"。在这种情况下，大多数人都可以推测出对方的真正意图，而孤独症谱系障碍人士却难以做到这一点。

另外，孤独症谱系障碍人士可能会直接理解字面意思。我曾为一位具有孤独症谱系障碍倾向的成年人做咨询，临别时，我告诉他："有任何事情，你都可以随时联系我。"于是，他接下来每天都给我打电话。因为我说了"随时联系我"，所以他真的这样做了。面对这种情况，我需要改变自己的表达方式，于是，我告诉他："只在有需要的时候联系我！"这样一来，他再也不给我打电话了。他给我的理由是"我不知道自己是否有需要"。最后，我们找到了一个折中的解决方案，我跟他说："请你固定在每个月的最后一个星期三的上午 10 点到 11 点给我打电话，我们来谈一谈。"

理解孤独症谱系障碍人士的这些沟通特点非常重要，特别是，我们可能经常需要为发育障碍人士做直接交谈的咨询服务，了解他们在语言交流中的特点（包括长处与短处）非常有助于做好这类咨询服务。由此可见，我们不仅需要掌握理论知识，还需要通过实战，在真实的沟通过程中积累经验。

第3章

咨询支持案例

在讲解咨询案例时，我会全面地介绍咨询支持的整个过程，并重点讨论咨询支持中的几个步骤。

案例① 在上课时突然冲出教室

这个案例来自我为某小学的资源教室的班主任老师提供的咨询服务。现将具体的支持内容及咨询过程中的考虑事项总结如下。

案例概要

服务对象是一名8岁的小学二年级学生，他在一年级时就读于普通班级，但是常常会在上课时突然离开教室。在过去的1年时间内，他开始分阶段地进入学校的资源教室上课。经过班主任老师与家长的持续讨论，他从二年级开始完全转入资源教室。这名学生性格开朗，与同学关系良好，但存在轻度智力障碍，难以适应普通班级的学业学习。在入学时，家长虽然也为此感到烦恼，但还是选择了让他进入普通班级学习。

问题行为的整理

（1）服务对象在什么时候会发生怎样的行为？

进入二年级之后，这名学生在资源教室里能够开心、稳定地参与课程，但当他参与普通班级的一些课程（生活、美术、音乐、体育）时，尤其是在美术课和音乐课上，他很难跟随大家完成学习任务。要上这些课时，他似乎从准备上课开始就不愿意走进相应的教室。在那里上课大约10分钟之后，他就常常会离开这种普通班级的教室，跑回资源教室。虽然不是每次上课都会出现这种情况，但这种情况还是很频繁地发生。

➡ 本章内容以"'行为问题'的理解与应对：基于案例的思考"为主题，以2017年在《发展教育（公益财团法人发展协会）》连载12期的内容为基础。

（2）目前的应对方法

在普通班级开始上课前，资源教室的班主任老师会鼓励这名学生自己走进教室。一旦这名学生进入教室，普通班级的班主任老师（同时负责这个班的美术课和音乐课的教学）就会对他说"欢迎你来与我们一起上课"，还会告诉他今天的课程内容。每当这名学生跑出教室的情况出现时，普通班级的这位班主任老师就会怀疑：他是不是更喜欢去资源教室呢？他是不是对美术课和音乐课不感兴趣呢？……因此，当这名学生离开普通班级的教室时，这位班主任老师并不会把他追回来，而会在稍后与资源教室的班主任老师联系，确认他是否回到了资源教室。

这名学生跑回资源教室之后，资源教室的班主任老师会与他交谈，但因为那里的其他学生也在上课，所以他通常会被安排在资源教室的后方看书或者玩拼图等，以此度过这节课。

（3）为什么会发生这种行为？

对于这些通过观察了解到的情况，我们应该如何思考呢？让我们先考虑一下这个问题行为发生的背景。

这名学生为什么会离开教室？我们可以列举一些可能存在的减弱因素（下文用"-"表示）：美术课和音乐课的学习内容过难，讲课的内容对他来说不够清晰，他不喜欢这间美术教室或音乐教室，他与普通班级的班主任老师的关系不够好，以及与这个班的同学有关的减弱因素，等等。通过了解他平时的表现，我们可以推测出"美术课和音乐课的相关因素"对他的行为可能有较大的影响，因为除了在这间特定教室里，平时在普通班级的教室里上音乐课或美术课时，他也会跑出去。此外，在这个案例中，并没有"跑出去后被老师追赶"之类的事后处理。实际上，在这名学生"跑回到资源教室之后"，增强因素（下文用"+"表示）似乎较少，只有"在那里他可以相对自由地度过这节课"有可能对这个行为存在正面影响。

针对以上的情况，我们用 ABC 框架分析做了如下整理：【A】在普通班级上美术课或音乐课（有不喜欢的课，即有"-"）→【B】跑出教室（行为）→【C】不在普通班级上美术课或音乐课（没有不喜欢的课，即没有"-"）+ 在资源教室自由地度过这节课（即有"+"），如此，我们列出了行为的前后关系。

案例①的 ABC 分析

前提	行为	后果
○普通班级的美术课或音乐课	○跑出教室	○不用上普通班级的美术课或音乐课
有"不喜欢的课"		没有"不喜欢的课"

支持方案及内容

支持方案大致可以分为两个方向上的策略。第一个策略是增加美术课或音乐课的"趣味性",减少其"厌恶程度",从而让这名学生能更主动地参与课堂学习并完成学习任务。第二个策略是增加这名学生在资源教室里学习的机会,也就是说,不必重点强化他参与目前他还比较抗拒的普通班级的课程,更多的是要引导他在资源教室里上美术课或音乐课。

此外,在第一个支持策略中,如果经过尝试,这名学生仍然难以上美术课或音乐课,那么我们可以考虑教给他一些恰当的表达方式,比如,教他"向老师报告之后再去资源教室"。我们还可以为这名学生设定一些合适的上课目标,比如,引导他"在完成这一项课程任务之后就去资源教室",并且为他提供一些必要的激励措施,比如,完成课程任务之后,在资源教室里,允许他从几项活动中选择一项参与("+")。

接下来的问题是,由谁来决定支持方案的具体内容呢?是学生自己,还是家长或者班主任?答案是应该由三方共同协商来做出决定。另外,需要注意的是,方案并不是固定不变的,我们需要根据进展情况随时做进一步的协商。

为应对这类行为问题提供支持时,几方协商往往至关重要,我们应该将这看作值得珍视的重要机会,共同考虑为服务对象提供他最需要的指导和支持计划。

案例② 从其他孩子手中抢玩具

这个案例来自我为某个幼儿园老师提供的咨询服务。现将具体的支持内容及咨询过程中的考虑事项总结如下。

案例概要

服务对象是一名就读于公立幼儿园的5岁女孩。她于4月份入园,在最初的几周,每天早上与她妈妈分离时,她都会表现出极大的抵触情绪,拒绝进入教室,紧紧抓住妈妈,不让她离开。这种状态持续了一段时间,老师每天都需要努力将她与妈妈分开。大约3周后,这个孩子的抵触情绪逐渐消失,可以顺利地进入教室了。此外,刚入园时,她无法参与幼儿园组织的活动,后来,老师提前向她详细讲解活动内容,并且带领她一同参与部分她愿意参与的活动,她渐渐地能够参与活动了。再有,她在刚入园时很少与其他小朋友一起玩耍,基本上都是独自玩耍,后来,她逐渐对其他同龄小朋友产生兴趣,开始在一旁观看其他小朋友玩游戏了。

问题行为的整理

(1)服务对象在什么时候会发生怎样的行为?

与入园初期相比,这名服务对象的进步比较明显,她对其他小朋友逐渐产生了更多兴趣,也会尝试与同伴们一起玩游戏。但是,最近一段时间,她经常会抢走其他小朋友手中的玩具,比如,大家一起玩沙子时,她会抢走小朋友正在用的铲子,拿去独自玩。这种从小朋友手里抢走别人正在玩的玩具的行为,通常发生在自由游戏时间里。她可能会抢夺其他小朋友正在玩的玩偶、积木、秋千及正在读的书等,抢夺的物品并不限于特定的东西,抢夺的对象也不限于特定的小朋友。

（2）目前的应对方法

玩具被抢走的小朋友会出现各种反应。有些小朋友可能会大声喊："你不能拿！"有些小朋友可能会保持沉默；有些小朋友可能会试图夺回玩具，甚至导致肢体冲突；还有些小朋友可能会哭起来。为了避免争吵和打斗的升级，老师告诉小朋友们，遇到这类情况时可以立刻叫老师来帮助处理。

（3）为什么会发生这种行为？

既然她抢夺其他小朋友的玩具之后会自己玩，那么我们可以认为这些玩具对她有吸引力，起到了"+"的作用。此外，我们在此需要注意的是，玩具被抢走的小朋友的那些反应既有可能起到"+"的作用，又有可能起到"−"的作用。通常，"+"的作用是指玩具被抢走的小朋友出现哭泣和生气等表现，"−"的作用是指有些小朋友试图坚决抵抗，成功夺回自己被抢的玩具。在这个案例中，那些试图夺回自己的玩具的孩子后来再被她抢夺的情况确实减少了。

针对以上的情况，我们用 ABC 框架分析做了如下整理：【A】其他孩子有正在玩的玩具＋服务对象手里没有这个玩具（没有想要的东西，即没有"+"）→【B】抢走他人的玩具（行为）→【C】拿到手，自己玩（有了玩具，即有"+"）+【C】被抢的孩子出现哭泣、生气等反应（有"+"？）。

案例②的 ABC 分析

前提	行为	后果
○其他孩子有正在玩的玩具 ＋服务对象手里没有这个玩具 ------ 没有"自己想要的玩具"	○抢走他人的玩具	○拿到那个玩具 ＋自己玩 ＋被抢的孩子的反应 ------ 有了"自己想要的玩具"

支持策略及内容

针对当前的这个问题，我们制订了分阶段执行的支持计划。首先，我们要引导这个孩子在想要其他孩子手里的玩具时，不要采取抢夺的方式，而要学习用适当的语言表达自己的需求（教孩子掌握替代行为），比如，学习说"借给我玩一玩吧"。要实现这个目标，关键在于，在孩子做出了"抢玩具"的行为之后，不应要求她反省，而应该提供充足的练习机会，引导她通过与其他孩子协作，积极地使用合适的交流方式，开展相关练习。例如，引导她说"借给我玩一玩吧"来启动对话，并且让其他孩子积极回应"好的"。这里的要点就是，服务对象不必通过抢夺他人的玩具来满足自己的需求，而要通过适当的语言表达来满足需求（获得玩具），并且逐渐积累这样的体验。

其次，我们要进一步让服务对象了解"我并不是每次都能借到玩具"的规则和观念。要实现这个目标，我们可以先让老师参与进来，与孩子做此类练习。在她表达"借给我玩一玩吧"之后，老师有意地引导她等待一定的时间，比如，告诉她"请你等一会儿吧！""等我把这个积木搭好吧！""等我把这个沙山堆好吧！"在这个练习过程中，我们可以从较短的等待时间开始，然后逐渐拉长。此外，当老师看到服务对象可能试图抢夺其他小朋友的物品时，应该及时出手，尽量避免出现成功抢走玩具的情况。

最后，我们应考虑的是，玩具被抢走的孩子做出的反应对于抢夺行为可能是"+"的后果。当孩子的玩具被抢走时，如果孩子有能力说出"你不能这样，快住手"，那我们就应该引导他们这样说，教他们通过这种语言表达来回应抢夺。如果孩子找准机会夺回玩具，那我们也可以引导他们就这样夺回，同时还应该教他们运用适当的口语来表达，比如说"你必须还给我"。而对于那些哭泣或生气的孩子，我们可以引导他们学会立刻向老师报告。不过，虽然这种不同的个性化的反应和应对很重要，但我们也需要注意避免小朋友们的反应过于复杂多样。

此外，当其他小朋友哭泣和生气时，有些孩子会对这样的情景很感兴趣，那么，我们需要对这类喜欢关注他人哭泣的孩子加以引导，应完全避免出现由不适当的行为导致的强化效果，而只让适当的行为带来这样的强化效果。为此，在孩子表现出适当的行为，比如说出"请借给我"之后，我们不仅要借给她玩具，还要表扬她"你说得很好"，并与她进行一些身体接触式的积极互动，比如，做出拥抱、轻挠痒痒、晃晃她的小手等鼓励举动，从而带给她更多的愉悦，这点非常重要。

案例③ 突然发脾气

这个案例来自我为某小学二年级普通班级的班主任提供的咨询服务。现将具体的支持内容及咨询过程中的考虑事项总结如下。

案例概要

这个案例中的服务对象是一位就读于小学二年级普通班级的男孩。虽然他还没有确诊，但他的性格相对固执，或者说总是坚持自己设定的规则。他的学习成绩很好，学习态度也很好，但是，他的班主任描述称"有时他会突然发脾气"。这种情况大约每周发生1次，开始时，发脾气可能会持续10分钟至1小时不等。他上一年级时的班主任和他的家长曾经建议前来咨询的二年级班主任，当孩子发脾气时，不要与他交流或有身体接触，而要在教室里找一个可以让他冷静下来的地方，让他待在那里，静观他的变化，等他逐渐平静下来。二年级的班主任也向孩子做了关于这个处理方法的说明，孩子同意了。因此，目前采用的就是这个方案。

然而，当我问这位班主任"孩子具体在什么情况下会发脾气"时，她没有给出具体的事件描述。因此，我建议她在这个孩子发脾气时尽可能观察"之前的状况"和"之后的状况"，同时，如果有机会与孩子一起回顾有关"发脾气的事"，就仔细倾听孩子表达的观点，并且了解周围其他人对当时情况的描述。

问题行为的整理

（1）服务对象在什么时候会发生怎样的行为？

又过了两周，我们再次会面时，班主任报告服务对象的"发脾气行为"在这一段时间里共发生了3次。通过与班主任交流，我得知在抄写板书或教科书上的内容时，那个孩子如果觉得自己的字写得不好，就会大声叫喊、扔作业本，甚至推倒桌子。这些内容是班主任与孩子一起进行事后回顾时，孩子自己陈述的。班主任以前也遇到过在汉字学习或数学学习过程中出错时会感到紧张的孩子，所以对此很关注。可是在本案例中，当服务对象被指出"计算错误"或"汉字写错了"时，他虽然看起来也会有点不开心，但基本上能够保持平静，所以班主任没有注意到"（孩子自认为的）写错字"的问题，而一直认为孩子"发脾气"的行为总是突然发生的。

在接下来的两周里，班主任继续观察孩子的"发脾气"行为的发生情况。从观察的结果中发现，在孩子"不能写出（自认为好的）字""将写的字超出作业本的格子""没能将错字擦干净"等情况下，他可能就会发脾气。这些都是班主任通过多次观察并与孩子一起回顾所获得的信息。

此外，班主任还指出，这个孩子并不是每次遇到这些情况都大发脾气，而是"受几次挫或者反复出现错误的时候才会发脾气"。我们还收集了可能相关的一些数据，包括是否存在导致频繁发脾气的具体课程、教学内容、特定的时间和星期等数据，但从中并没有发现哪个特定的条件会导致"发脾气"行为增多，因此，我认同了班主任的描述和分析。

（2）目前的应对方法

目前，班主任应对这种"发脾气"行为的主要方法，前面已提到。这位服务对象在二年级的上学期差不多每两周发一次脾气，对此，班主任一直采取为服务对象准备一个供其冷静的空间的做法，避免与他有过多的交流或身体接触，如此，孩子平静下来所需的时间在逐渐地缩短。

（3）为什么会发生这种行为？

针对以上的情况，我们用 ABC 框架分析做了如下整理：【A】未能如愿地写字，有"不如意的书写 + 负面情绪"→【B】发脾气，如大声叫喊、扔作业本、推倒桌子（行为）→【C】班主任走到他身边并与他交谈，负面情绪减少了或没有了。

案例③的 ABC 分析

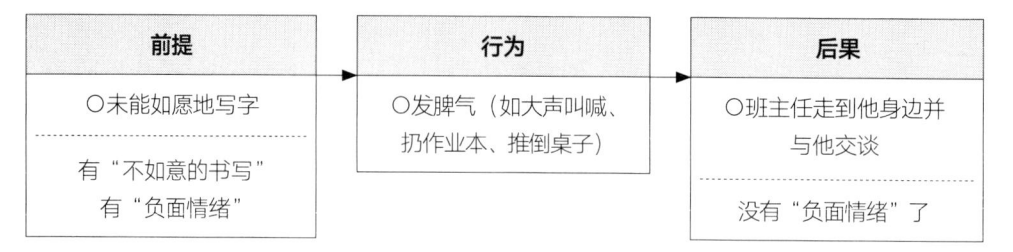

前提	行为	后果
○未能如愿地写字	○发脾气（如大声叫喊、扔作业本、推倒桌子）	○班主任走到他身边并与他交谈
有"不如意的书写" 有"负面情绪"		没有"负面情绪"了

支持策略及内容

这个案例中的难点在于，服务对象对于何谓"未能如愿地写字（比如，字没有完全写在格子内，橡皮擦得不干净）"有自己的判断标准，并不是每次写不好都会超出他忍耐的极限，但他可能会受到周边出现的各种恼人事件的影响而逐渐积累不满（比如，当周围其他小朋友遇到某些负面事件／他自己集中注意力时，他的"发脾气"行为更易被引发）。因此，从表面上看，诱因比较难以把握。

我们如果能够消除服务对象发脾气的诱因，就能够减少"发脾气"行为的发生。例如，让他认为自己"每次都能如愿地写字"，虽然这也是一种可能的努力方向，但并不现实。相反，逐渐培养服务对象对小的错误不那么在意的意识，或者帮助他对小的错误采取容忍的态度，才是更具有可行性的努力方向。本案例中的孩子具备一定的语言能力，将来很有可能学会自我控制，因此，与这个孩子进行直接的语言交流就显得很重要，我们从中可以了解他在哪些情况下会生气，对书写错误的容忍度究竟如何，在哪些时间段更容易发脾气，等等，这些都是"行为发生之前的情况"。帮助孩子理解自己发脾气的原因，可以更好地帮助他控制自己的情绪，因此，事后与他一起回顾也很关键。

此外，我们还需要考虑在"未能如愿地写字"时，孩子可以采取什么行动。在本案例中，我们尝试让孩子在遇到这样的困境时，先合上自己的作业本，然后闭上眼睛，深呼吸。虽然这并不是解决问题的最终方法，但从长远来看，它是一种重要的引导策略。

案例④ 上课时玩口水

这个案例来自我为某小学五年级普通班级的班主任老师提供的咨询服务。现将具体的支持内容及咨询过程中的考虑事项总结如下。

案例概要

服务对象是一名11岁的小学五年级男生，他的智力评测结果为边缘水平（智商约为75）。虽然他难以跟上学校的教学进度，但他的学习态度很好，在人际关系方面表现得也不错。然而，最近出现了一个问题，他频繁在上课时玩口水，这引起了其他同学，尤其是女生的不满。

这个孩子玩口水的具体表现包括，将口水涂抹在手指上并揉搓，涂抹在桌子上来回摩擦，或者涂在作业本或教科书上等。他的这种行为在升入五年级后变得更加频繁，主要出现在上课时，很少在课间休息时发生，而且这种行为在体育课、音乐课、美术课等活动性比较强的课程中不常发生，而在语文课上学习阅读理解等内容时（相对于汉字学习），以及在数学课的后半段较常发生。需要注意的是，这个孩子并没有口水过多或口唇难以闭合等身体功能方面的问题。

老师应对此问题的方式是，每当看到孩子玩口水时，就会提醒孩子说"你不要再玩口水啦"。然而，在老师做出这样的提醒之前，班上其他同学经常已经对他说"好脏啊"，或者向老师报告"老师，他又在玩口水啦"，这时，老师往往会对同学们说"好了，好了，大家不要吵"，以消除大家对这个问题的过度关注。

问题行为的整理

（1）服务对象在什么时候会发生怎样的行为？

如前所述，这种行为在语文课和数学课上较为常见，在语文课上学习故事或说明文的阅读理解时发生得尤其频繁，而在学习汉字时较少发生。此外，这种行为不太会在实践性课程中及午餐时间、休息时间发生。总体来说，当这个孩子有需要做的事情或能够专注于某事时，这种行为较少发生，但在遇到难题、难以理解的内容，或者感到课堂枯燥无味时，他就会开始玩口水。因此，这种行为可以被看作一种用来消磨时间的感官刺激游戏。

（2）目前的应对方法

如前所述，班上其他同学一旦发现这个孩子在玩口水，就会发表一些负面言论，例如，"你快停下啦！""好脏啊！"老师也会提醒他"快别玩啦"，从而让他注意到自己正在玩口水。听到这些提醒，这个孩子并不会表现出生气的样子，而会表现出"啊，不好，我又在玩口水了"，并且通常会在被指出问题之后立即停止玩口水。

（3）为什么会发生这种行为？

针对"玩口水"的行为，我们用 ABC 框架分析做了如下整理：【A】（有）遇到难题、难以理解的内容，或者感到枯燥乏味 +（没有）自我感官刺激→【B】玩口水（行为）→【C】（没有）难题、难以理解的内容，或者（没有）感到枯燥乏味 +（有）感官刺激。关于感官刺激或者自我刺激，"玩口水"行为会带来手指触摸嘴唇的感觉（+）刺激。再有，用手指触摸口水会带来湿润、黏糊糊的触感，而口水也会随之变黏稠。另外，将口水涂抹在桌子上时，桌子上会暂时出现湿痕，桌面色彩会发生变化，并且会变得黏糊糊的。某些孩子可能很喜欢这些感觉。

案例④的 ABC 分析

前提	行为	后果
○遇到难题、难以理解的内容，或者感到枯燥乏味	○玩口水	○消磨时间 ○获得感官刺激
有"负面状态" 没有"感官刺激"		没有"负面状态" 有"感官刺激"

支持策略及内容

首先，创造一个可以减少"玩口水"行为出现的可能性的学习环境至关重要。这就意味着我们需要重新考虑整个班级的教学安排，从而提供更易理解的且能让这个孩子有事可做的课堂内容，这需要老师从根本上改进教学方法（总体的教学设计）。

我们有多种方法可供选择，例如，缩短上课时间，在学生的注意力可能转移时开展某些身体活动或者开始小组讨论，在学生遇到难以理解的内容时出示某些提示卡片。这些教学方案的设计不仅对存在问题行为的孩子有益，对整个班级也有积极影响。

其次，针对这个孩子的某些需求，训练他做出某些替代行为也是一种可行的方法。当感到无聊时，他可以通过做出替代行为来排遣，从而避免做出"玩口水"行为。通过当前的观察，我们发现，其他一些带来的感官刺激与"玩口水"带来的感官刺激类似的活动，似乎同样能够吸引这个孩子。比如，我们可以考虑为他提供一些可以揉搓、塑形的橡皮泥，或者为他提供胶水以替代口水（虽然这不是最理想的方法）。此外，我们还可以考虑为他提供诸如玩尺子、绘画、看其他图书等替代活动，虽然这些活动带来的感官刺激与"玩口水"带来的不同，但都可以作为用"玩口水"消磨时间的替代选择。当然，这些并不是最值得推荐的做法，但是因为他"玩口水"的行为最有可能导致其他同学的种种负面评价，所以我们的一个重要的考虑因素是，需要选择一些他与其他同学都可以接受的活动。再有，如果这个孩子的确非常沉迷于"玩口水带来的感官刺激"，那么我们还应该考虑使用一些可以提高他的自我管理能力的办法，例如，设置一个闹钟，每隔 5 分钟提醒 1 次，每当闹钟响起时，孩子就检查自己是否正在玩口水，如果没有，就可以获得一个贴纸作为奖励。

最后，我们还需要向全班同学寻求帮助。当这个孩子做事先安排好的替代行为时，其他同学不要去指责他或提醒他上课，因为他正在努力改变自己的不当行为。而当这个孩子在学习过程中走神时，我们可以鼓励其他同学对他做出提醒，例如，跟他说"正在讲书上的这里"，或者问他"你听明白了吗？"这样可以创造一个良好的自然支持环境。

案例⑤　拥抱异性

这个案例来自我为某初中二年级普通班级的班主任提供的咨询服务。现将具体的支持内容及咨询过程中的考虑事项总结如下。

案例概要

服务对象是一名14岁的男孩，正在读初中二年级，他的智力水平较高，在各科学习中都取得了良好的成绩。通常情况下，他表现得很文静，但在他很喜欢的人文课上，尤其是在课程内容与日本历史有关时，他会展现出相当丰富的知识储备，而且经常一有机会就大肆展示自己这方面的能力，不过，他的人文课的授课老师很有办法，总能够巧妙地应对他的这种课堂干扰行为。

另外，这名学生在课间休息时常会找其他同学交谈，时不时会自顾自地讲述自己感兴趣的话题（诸如最近发生的事件、政治新闻等），他也会邀请其他同学在周末一起玩，但通常会被拒绝。他曾向班主任表示自己很想交朋友，无论是男生还是女生都可以。医生虽然曾经指出他有孤独症谱系障碍的倾向，但未做出明确的诊断。

问题行为的整理

本案例中的服务对象有一个急需处理的问题行为，就是拥抱同班的异性同学，拥抱对象是一名特定的女生，该女生性格开朗，常常关心他。两个人从幼儿园开始就在同一个班上，彼此非常了解。

（1）服务对象在什么时候会发生怎样的行为？

这个问题行为通常不会在课堂上或用餐时间发生，而是更多地出现在课间休息、午休或者放学后等自由时间里。发生地点通常是教室或走廊，当那名女生走近他并开始与他交谈时，一般在初始阶段，两人会有一定程度的对话，但随后他可能会突然抱住她。这种情况通常发生在"交谈中",这名男生可能会先说一些诸如"你长得好可爱啊"或者"咱们下次一起去玩吧"之类的话,随后才会做出"抱住对方"的行为。

(2)目前的应对方法

当这名女生被他抱住时,她会表达出"你住手"或"你不要抱我"等意愿,但没有以非常坚决的言辞或态度拒绝他。班上其他能够坚决拒绝他的女生都说没有遇到过被他拥抱的情况。此外,这名男生在家里也没有做出过拥抱母亲的行为。这名特定的女生在与他的交谈中经常会做出适当的回应,因而他可能认为她是一个非常好的倾听者。

(3)为什么会发生这种行为?

针对"拥抱特定女生的行为",我们用 ABC 框架分析做了如下整理:【A①】双方正在交谈(有持续聊天带来的愉悦感)+【A②】(没有)拥抱带来的感觉+(没有)获得关注的满足感→【B】拥抱这名女生(行为)→【C】成功抱住了她→(有)拥抱带来的感觉+(有)获得关注的满足感。

案例⑤的 ABC 分析

前提	行为	后果
○双方正在交谈 没有"拥抱带来的感觉" 没有"获得关注的满足感"	○拥抱这名女生	○成功抱住这名女生 有"拥抱带来的感觉" 有"获得关注的满足感"

根据分析的情况,我们认为"拥抱"行为可能与行为发生前后获得的关注有关,获得关注很可能是维持这种行为的因素。"拥抱"行为获得的正向结果之一,可能就是抱住自己喜欢的女生这个举动本身,所以这种拥抱带来的感觉是一种"+"的因素。

此外,这名男生选择施以"拥抱"行为的对象是一名不会回以负面言行的女生,他倾向于选择与那些愿意倾听的人交谈,而且对方在交谈中不太会拒绝他发表"你好可爱/咱们一起出去玩吧"这类言论。当然,某些行为也有可能因被拒绝而变本加厉地发生,但这个案例中的情况显然并非如此。

支持策略及内容

那么，我们该如何应对呢？一个常见的方法就是设定规则，明确禁止这名男生过于接近那名女生，或者规定他在接近她时须与她保持至少一臂距离，并且明确规定不可拥抱。

一般情况下，在公共场合拥抱异性是不合适的。而且，如果对方不愿意，那么这种行为就更不合适（当然，如果双方年龄很小且互有好感，那么搂抱一下也未尝不可）。但是，这里我们必须考虑到该男生将来与异性交往的可能性，因此，除了禁止过近接触，我们还要教他如何适当地与异性互动。

在实际的干预过程中，我们与这名男生、那名女生及老师坐在一起进行了讨论。我们先听取了那名女生的意见，明确了哪些是"可以接受的行为"（比如，在双方的对话中，当听到对方说"就聊到这里吧"时应该结束谈话，等等），哪些是"需要禁止的行为"（比如，拥抱、邀请对方出去玩，等等）。然后，我们把这些规则记录在纸上，一起明确并认可了这些内容。最后，我们当场进行了一些角色扮演的练习，引导这名男生练习如何与该女生开展适当的对话，并引导这名女生练习在被抱住时如何拒绝（用比较坚决的态度与言辞），我们让他们观察对方的练习过程。

此外，我们每天都会与老师确认这些规则的执行情况，并鼓励这两名学生在放学之后使用核查卡回顾各自当天的表现，包括是否遵守了事前设定的有关适当行为和不当行为的规则。另外，我们还运用了代币经济的方法来鼓励这名男生，引入了各种武将贴纸奖励，分别设有：家康贴纸，表示当天"做出了适当行为"且"没有做出不当行为"；秀吉贴纸，表示当天"没有做出不当行为"；信长贴纸，表示当天"做出了不当行为（但最多1次）"。这样设计贴纸是因为这名男生非常喜欢日本历史上的这些武将，他还要求按照人名顺序来排列贴纸的价值。

在上述应对措施中，很重要的一点是与相关人员达成共识。此外，我们还应该强调的是，在对此类与朋友或异性互动的支持上，持续的指导非常关键，甚至在该学生中学毕业之后，我们可能仍需继续对其给予支持。

案例⑥ 因购物要求遭拒而破坏物品

这个案例来自我为某特殊教育学校的高中二年级班主任提供的咨询服务。现将具体的支持内容及咨询过程中的考虑事项总结如下。

案例概要

服务对象是一名就读于特殊教育学校高中二年级的 17 岁男生，他有轻度智力障碍，使用韦克斯勒智力量表测试，得分为 65。他有能力与他人进行日常对话，有幽默感，评估报告显示他具备一定的组织领导能力。此外，他在服装、发型、音乐及与异性交往等方面，都表现出一些与其年龄相符的典型的高中生"爱耍酷"的特点。然而，他在理解情境、理解他人情感及自我情绪控制方面存在一些困难。

另外，基于家庭原因，他平时寄住在托养机构里，只在星期五晚上至星期一早上回到家中生活。他的家庭成员包括他的父亲（长期出差）、母亲（打零工）和一个弟弟（上初中二年级）。

问题行为的整理

（1）服务对象在什么时候会发生怎样的行为？

他的问题行为出现在周末回家的时候，他会强烈要求母亲为他购买一些与音乐相关的物品，与母亲就买或不买的问题发生争吵，随后会变得情绪激动，会对着墙壁又踢又打，砸碎窗户玻璃，推倒电视机，等等。他的这些问题行为只在周末回家时发生，但并非每周都发生，平均每两个月出现一次。另外，当长期出差的父亲周末在家时，这种问题行为不会发生，它似乎更容易在只有母亲和弟弟在家时发生。

他要的那些与音乐相关的物品包括音频播放器、耳机、便携式 DVD 播放器等。此外，他还会要求购买 DVD，或者为下载音乐和剧集付费，等等。

在上高中一年级时，在这名男生的强烈要求下，他的父母同意给他购买智能手机，但设定了流量费用和使用时间的限制。他可以携带手机到校，但白天须交给老师保管。他还与父亲约定，自己如果违反这些规定，就被禁止使用手机。这名男生一直遵守着这个约定。

值得注意的是，这名男生在学校虽然偶尔也会与同学发生冲突，但此类因购物要求遭拒而破坏物品的问题行为，从未在学校出现过。此外，这名男生非常崇拜自己的班主任（一位二十多岁的男老师），他能够与班主任进行深入的交谈，也会反思自己破坏物品的行为。这名男生自己解释说，他之所以想要购买那些物品，是因为"朋友有那些东西"或者"在电视或杂志上看到了"。另外，他母亲也指出，这孩子其实能够理解自己并非真的需要那些东西，知道已有的物品完全可以替代那些要买的东西，他也会对自己的情绪失控和毁坏物品的行为感到后悔，但在事发时，他总是会表现得冲动且失控。

（2）目前的应对方法

目前的情况是，当这名男生在家坚持要求母亲购买某物品时，他母亲会坚决拒绝，比如，对他说"不买！""这个不是买过了吗？""你有其他东西可以替代吧！"就这样，一个要买，一个不买，彼此的言辞逐渐令双方情绪激动起来，最后，这名男生的激烈举动导致家中的墙壁、窗户玻璃、电视机等被损毁。而当他母亲喊"住手！""我要叫警察了！"的时候，他在这种警告声中有可能会延续那种冲动状态，也有可能会走出家门或者躲进自己的房间。

（3）为什么会发生这种行为？

对于"要求购买与音乐相关的物品→母亲表示不买，双方就发生争执→破坏物品……"这一系列事件，我们用 ABC 框架分析做了如下整理：【A①】从朋友那里或杂志上了解到自己想要的某个物品的信息（所需物品尚未获得）→【B①】要求购买（行为）→【C①】母亲拒绝购买的反应（也起到 A② 的作用）→【B②】这名男生与母亲就"买与不买"发生争执（也起到 A③ 的作用）→【B③】这名男生破坏家中的物品（行为）→【C③】母亲斥责和警告的话语（也起到 A④ 的作用）→【B④：这名男生出门或躲进房间】→【C④】争执结束。

案例⑥的 ABC 分析

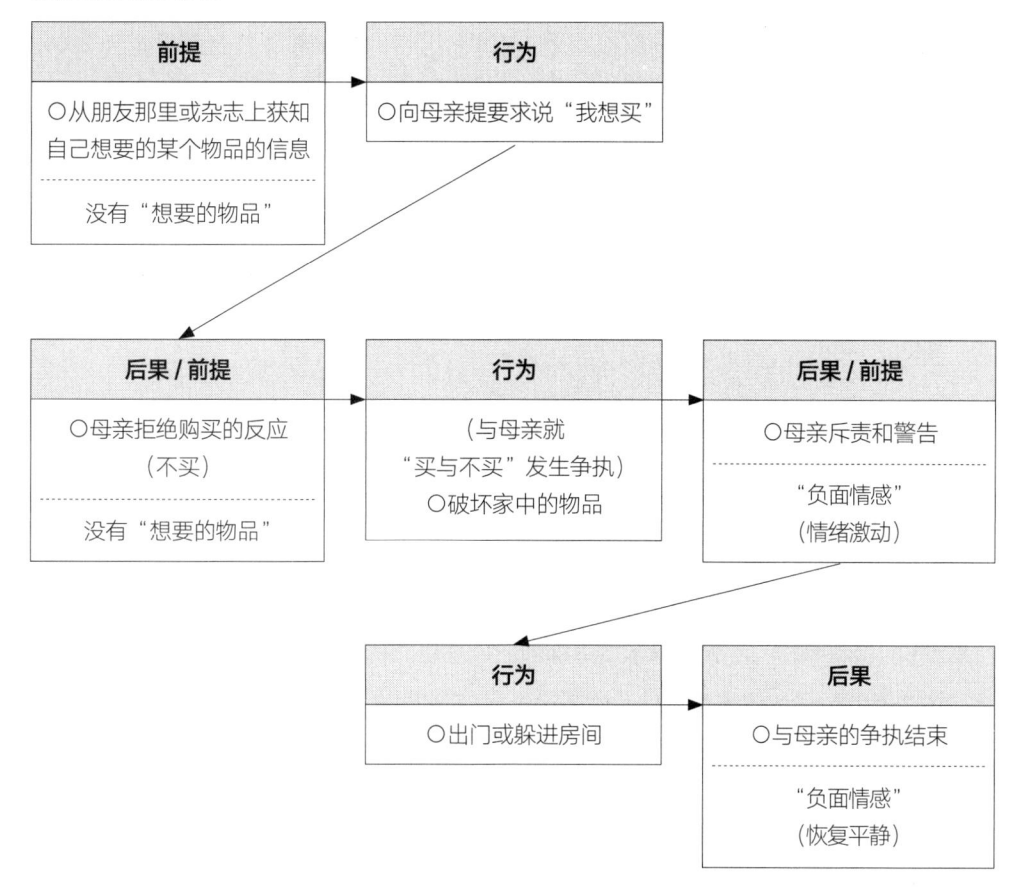

```
┌─────────────────┐      ┌─────────────────┐
│      前提       │─────▶│      行为       │
├─────────────────┤      ├─────────────────┤
│○从朋友那里或杂志│      │○向母亲提要求说 │
│ 上获知自己想要的│      │ "我想买"        │
│ 某个物品的信息  │      │                 │
├─────────────────┤      └────────┬────────┘
│ 没有"想要的物品"│               │
└─────────────────┘               │
                                  ▼
┌─────────────────┐      ┌─────────────────┐      ┌─────────────────┐
│   后果／前提    │      │      行为       │      │   后果／前提    │
├─────────────────┤      ├─────────────────┤      ├─────────────────┤
│○母亲拒绝购买的 │      │（与母亲就       │      │○母亲斥责和警告 │
│ 反应（不买）    │      │ "买与不买"发生  │      ├─────────────────┤
├─────────────────┤      │ 争执）          │      │ "负面情感"      │
│ 没有"想要的物品"│      │○破坏家中的物品 │      │（情绪激动）     │
└─────────────────┘      └─────────────────┘      └────────┬────────┘
                                                           │
                                                           ▼
                         ┌─────────────────┐      ┌─────────────────┐
                         │      行为       │      │      后果       │
                         ├─────────────────┤      ├─────────────────┤
                         │○出门或躲进房间 │      │○与母亲的争执结束│
                         │                 │      ├─────────────────┤
                         │                 │      │ "负面情感"      │
                         │                 │      │（恢复平静）     │
                         └─────────────────┘      └─────────────────┘
```

支持策略及内容

接下来，让我们探讨如何应对这一问题。

这名男生的母亲与机构和学校对此进行过讨论，曾经尝试取消他周末回家的安排，但这名男生强烈反对，坚称"一定要回家"。因此，我们要讨论的支持办法只能设定他可以继续周末回家这一前提。

我们组织了一次几方参与的会议，让这名男生、家长、班主任和机构工作人员共同制订一套行为规则。我们并没有采取说教或劝说的方式，而是直接询问这名男生的看法，涉及的问题包括"你是否愿意每个周末都回家度过？""你对自己破坏物品的行为有何看法？"以及"对于你'破坏物品'的行为，你认为我们应该采取何种措施？"等。

基于这些讨论，我们明确了购买与音乐相关的物品的规则。我们将之前较为模糊的"每月零花钱制度"更具体化。我们把这名男生的基本零花钱金额设定为 2000 日元[①]，并增加了一个"帮忙做家务（如清扫浴室、整理餐具等）"的项目，他每次做完家务可以获得 100 日元。为此，我们制订了一份含有 10 项家务的清单，并在每一项家务中设置了母亲签字确认完成任务的栏目。此外，我们允许这名男生在自己的零花钱金额范围内自由支配，但我们也明确规定，当花费过多而导致金额不足时，他只能通过自己积攒来解决，家里不会额外给予他任何钱，也不会借给他钱。

另外，经过与这名男生商量，我们在家里放置了一个他情绪激动时可以击打或踢的沙包。我们还与他母亲商定，如果他再提要求说"我想买某个东西"，她不要立刻拒绝，而要引导、鼓励他翻看一下之前大家一起讨论时拍摄的照片（所有参与讨论并做出承诺的人都在照片上签了字）。

就这样，在几方达成共识的基础上，我们制订了上述这些规则，并且在适当的时候举行"回顾会议"，从而确保这些规则的持续执行。这种方法取得了显著的成效，这名男生及其父母的周末生活越来越平稳了。

---

① 2024 年，日元对人民币汇率：1 日元 ≈ 0.0473 人民币。

案例⑦ 失败时发脾气

这个案例来自我为某个幼儿园大班老师提供的咨询服务。现将具体的支持内容及咨询过程中的考虑事项总结如下。

案例概要

服务对象是一名在幼儿园上大班的男孩，去年入园。最初，他并没有引起老师的注意，虽然他总是独自玩耍，而不与周围的孩子一起玩，但是，他的这些表现使他看起来像一个很积极、主动的孩子，因为他总能自己开展游戏。另外，他在与他人合作方面表现得也不错，能够友好地与其他孩子一起开展有规则或有顺序的游戏。总体上，他被认为是一个认真、可靠的孩子。

这个孩子很善于听从指令，通常会努力完成老师分配的任务。例如，当老师说"咱们差不多了，该收拾了！"时，他就会迅速开始自己的整理工作。对于周围没有这样做的小朋友，他有时会严厉地提醒他们，或者用命令的语气对他们说话。这些表现给人的印象是，与其说他很认真、可靠，不如说他过于古板。

去年九月，这个孩子在幼儿园运动会上参加投球比赛时，对于"获胜"的渴望非常强烈，当他所在的队伍输掉比赛时，他大哭，甚至因为其他孩子捡起他的球而攻击别人。事后，当回顾这件事时，他说："我很想赢！""某某拿走了我的球！"他对于自己打人的行为感到后悔，并向被打的同学道歉。

问题行为的整理

上个学期，这个孩子在练习踩高跷时遇到了困难。

（1）服务对象在什么时候会发生怎样的行为？

上个学期，在踩高跷活动中，这个孩子常因自己从高跷上掉下来、摔倒或无法前进等而大发脾气，他会一边喊"我不行！我不玩了！"一边扔掉高跷。尽管他对踩高跷的活动非常热衷，但当他看到其他小朋友们都成功了，而自己却无法完成时，他非常难以接受。

（2）目前的应对方法

面对这个问题行为，老师会积极地鼓励这个孩子"再努力一下"，或者表扬他"你有进步了"，有时也会建议他"先休息一下再练习"，当听到老师让他休息的时候，他会暂时停下踩高跷的练习，绕着操场走一圈，等自己平静下来再尝试。尽管他会喊"我不玩了！"但稍事休息之后，他还是会重新挑战。

然而，如果老师给他提出一些建议，比如"你把脚往前放一点，试试看会怎样"，他马上就会不高兴，嘟囔着说："我知道了！我正在试！"甚至直接抱怨："老师，你太烦人了！"

通过不断练习，他最终能够顺利踩高跷了，这时，他也就不再发脾气了，而是带着笑容积极地参与这项活动。

（3）为什么会发生这种行为？

针对"在踩高跷失败时变得愤怒"这一行为，我们用ABC框架分析做了如下整理：【A①】踩高跷失败的状态（如从高跷上掉下来）+【A②】（有）对失败的愤怒情绪→【B】表达愤怒的行为（如说"我不玩了！"+扔掉高跷）→【C】对失败的愤怒情绪（暂时消失/减少）。尽管这种愤怒的情绪难以完全避免，但这名男孩通过这样的表现（宣泄）释放情绪，似乎是他目前能够采取的一个有效办法。

案例⑦的ABC分析

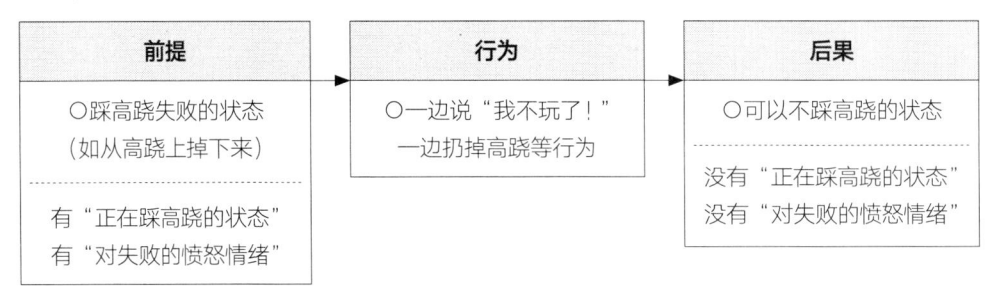

前提	行为	后果
○踩高跷失败的状态（如从高跷上掉下来） --- 有"正在踩高跷的状态" 有"对失败的愤怒情绪"	○一边说"我不玩了！"一边扔掉高跷等行为	○可以不踩高跷的状态 --- 没有"正在踩高跷的状态" 没有"对失败的愤怒情绪"

支持策略及内容

在这样的背景下，在接下来的这个学期里，幼儿园大班开展了学习玩剑玉[①]的活动。考虑到这个孩子之前在学习踩高跷时出现的问题行为，我们需要准备应对他在学习玩剑玉这个新游戏时一旦失败可能出现的情况，为此，我们提前商议了对策，并实施了以下措施。

第一，在开始学习玩剑玉的活动之前，我们引导这个孩子回顾之前学习踩高跷的经验，与他一起了解现实情况："在一开始时，我们可能会遇到困难，但是通过不断练习，我们就可以逐渐掌握玩法。"这样做的目的是帮助这个孩子更明确地了解"只要坚持练习，最终就能取得成功"这个事实。

第二，事先与这个孩子讨论玩剑玉时可能遇到的问题及应对的方法。例如，老师问："玩剑玉时可能会遇到球落不进杯子里的情况，那样的话，你会有什么感受？"孩子说："我会不高兴。"老师说："你如果失败了不高兴，会怎么做呢？"孩子说："……"→老师说："以前你练习踩高跷失败时，通常会绕着操场走一圈，休息一下，然后继续尝试，现在你还愿不愿意用相同的办法呢？"孩子说："嗯，我还愿意这样做。"换句话说，虽然遭遇失败是不可避免的，但我们可以和孩子一起商量确定失败时的具体应对方法（如休息片刻后再来尝试的办法）。

第三，在老师的建议下，我鼓励孩子向老师求助，当他需要帮助时可以说："老师，你来教教我吧。"此外，在刚开始学习玩剑玉时，由于大家都不太熟练，我们还对道具进行了改良，比如，将饮料瓶口剪下并固定在大盘子上，这样可以让球更容易落入盘中。

上面这三条支持策略都取得了一定的效果，尽管在练习玩剑玉的过程中，这个孩子还是出现了其他的一些问题行为，但总体上进展得比较顺利。可见，适当的支持策略确实可以促进孩子的成长。

---

① 译注：剑玉是一种传统的日本民间游戏，玩剑玉可以锻炼协调性、平衡性，培养耐心。游戏道具是用一根线连起来的球与杯子，简单的玩法是抓住杯子、扯动绳子，让球落进杯子里。

案例⑧ 挑食

这个案例来自我为某小学的一个五年级融合资源教室老师提供的咨询服务。现将具体的支持内容及咨询过程中的考虑事项总结如下。

案例概要

服务对象是一名在校的小学五年级男生，他有孤独症伴情绪障碍，该校配有资源教室。这名学生使用韦克斯勒智力量表测试，得分为70，处于智力落后的边缘水平，但他在学习普通科目方面有一定的能力，也能够与他人对话。如果老师在活动开展之前，通过展示视觉提示活动时间表，向他告知任务计划，他也能够积极参与活动。他很少与同学发生冲突，通常情绪比较稳定。此外，他对与铁路相关的知识了解得很多，擅长绘制火车线路图。

这名学生存在感知觉敏感的问题。例如，他很讨厌湿袜子，只要袜子有点湿，他就不愿意穿了。他对噪声很敏感，不喜欢人多拥挤的地方，但随着年龄的增长，他在这些问题上的抗拒表现逐渐减弱了。

问题行为的整理

这名学生喜欢吃肉和鱼，但厌恶所有蔬菜，尤其不喜欢胡萝卜和青椒，一旦遇到这些食物（甚至只是看到），他就碰都不碰一下。一旦他尝试吃了某种食物且不喜欢其味道的话，他就坚决不肯再尝试了。这种厌恶可能是由食物的味道而非口感引起的。从他上小学一年级开始，所有老师就都了解了他所厌恶的蔬菜的种类，基本的原则是不强迫他吃蔬菜，但会逐渐增加他能够接受的蔬菜的种类和数量。

学校老师的具体操作是，每次准备午饭时，减少他可能不喜欢的食物的分量，然后再盛入他的碗里。他吃那些食物时的取食方式和先后顺序由他自行决定。

（1）服务对象在什么时候会发生怎样的行为？

在不强迫这名学生吃蔬菜这个基本原则下，他吃午餐时会从自己喜欢的食物开始吃，直到最后只剩下他不喜欢的一些蔬菜。这时，老师会走到他身边，说"你把这些吃掉就行啦"，并用勺子盛取少量食物，如蔬菜羹，递到他的嘴边。这时，他可能会有两种表现：不张嘴和推开老师手中的勺子。

（2）目前的应对方法

面对这种情况，老师会先劝说："你要吃掉啊！"或者"就吃这么一点点！加油！"然后再次将勺子递到他的嘴边。虽然有时他也会吃一点点，但大部分情况是他继续表现出上述的两种抗拒行为。最后，当他做出非常抵触的行为时，老师就不再要求他吃掉，而让他直接开始做自己的餐后清理工作了。

（3）为什么会发生这种行为？

针对这名学生与老师之间的有关吃不吃蔬菜的对峙，我们用 ABC 框架分析做了如下整理："【A】①自己喜欢的食物基本吃完了（面前只剩下不想吃的食物）+②盛有不喜欢的食物的勺子靠近自己的嘴→【B】①闭紧嘴（不张嘴）+②推开老师手中的勺子+③将勺子扔掉+④将餐盘里剩下的食物扔掉"→【C】不喜欢的食物不会进入嘴里（不必吃了）。

案例⑧的 ABC 分析

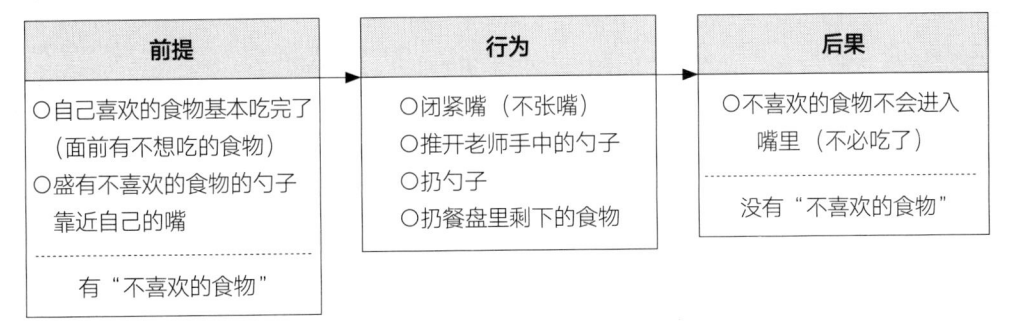

前提	行为	后果
○自己喜欢的食物基本吃完了（面前有不想吃的食物） ○盛有不喜欢的食物的勺子靠近自己的嘴 ------ 有"不喜欢的食物"	○闭紧嘴（不张嘴） ○推开老师手中的勺子 ○扔勺子 ○扔餐盘里剩下的食物	○不喜欢的食物不会进入嘴里（不必吃了） ------ 没有"不喜欢的食物"

支持策略及内容

我们应该如何应对呢？挑食是这类孩子的一个常见问题，对这个问题的处理，不同的人有不同的观点，有的人认为"孩子完全可以不吃"，也有的人认为"孩子即使讨厌某种食物，也应该和其他人一样吃掉它"。一般来说，我认为这两种观点的折中方案，即"让孩子尽量多吃一点"，是比较合理的建议。基于"让孩子尽量多吃一点"的支持方向，我们可以考虑以下几种方法：第一种是让孩子先尝试着吃他不喜欢的食物，再吃他喜欢的食物；第二种是让孩子自己决定食用的先后顺序和方式；第三种是盛取食物时，一开始让孩子少盛一点，但要确保他把盛取的食物全部吃掉；第四种是盛取食物时，让孩子盛取和其他人一样量的食物，然后根据孩子能够接受并吃掉的量，允许他适当去掉一些（或者由老师当着孩子的面，帮他做出调整）；第五种是在开始吃饭前，让孩子自己决定是否准备吃下这些食物，如果他表示要吃，那么就必须吃完；第六种是即使孩子只吃了很少的食物，也要给予奖励，前提是能够把食物吃完。

此外，我们可以让老师尝试开展一些活动以改善这名学生对蔬菜的负面看法，比如，引导他一起种植蔬菜，一起制作蔬菜食品，或者阅读有趣的关于蔬菜的故事，等等。

在家庭环境中，我们可以让家长尝试采用一些新的烹饪方法，比如，将切碎的蔬菜混合到孩子喜欢的汉堡、肉饼等食物中。

在本案例中，我们采取了第五种方法，即在开始吃饭前，让孩子自己决定是否准备吃下这些食物（或者能否吃下），吃多少也让孩子自己决定，按照他自己的意愿减掉一些，有的时候，我们甚至允许他将食物的量减少到几乎不含有蔬菜的程度。与此同时，我们还让这个孩子自己决定吃食物的顺序，例如，"先吃饭，再吃肉，最后吃……"这样一来，他就慢慢地开始做出选择，他会将自己最不喜欢的食物放在特定的位置上，"我先吃蔬菜羹，再吃……"如此，没有人强迫他，他也能渐渐地吃下那些原本不喜欢的食物了。

通常情况下，让孩子自己做选择和决定能够增加动因，促使行为发生。此外，在本案例中，我们的支持策略还充分利用了这个孩子言出必行的特点。

案例⑨　在学校表现良好，在家却情绪不稳

这个案例来自我为某小学的四年级普通班级的老师及其班上一名女生的家长提供的咨询服务。现将具体的支持内容及咨询过程中的考虑事项总结如下。

案例概要

服务对象是一名就读于小学普通班级的四年级女生。

这个女孩在幼年时期就表现出在语言和运动方面发展较慢的特点，但当时在儿童发育体检中并没有被特别指出过。她在幼儿园时期一直是个很安静的孩子。不过，每当她面对一些未尝试过的任务或未成功完成的任务时，她就有些不愿意去尝试，但她如果获得了鼓励或督促，还是会努力试一试。

在小学阶段，这个女孩在学业上表现得很出色。可是，从一年级开始，她就被老师看出存在一些行为方面的问题，对此，家长也表示认同。在低年级时，她会时不时离开自己的座位（但她并不是坐不下来，而是要跑到柜子那里拿东西，或者去给同学递东西）；在课堂上遇到不懂的问题时，她会手足无措。不过，随着年级的升高，她在课堂上存在的这些问题不再出现了。因此，老师们也逐渐减少了对她的关注。

她在家里也是从小就很安静，喜欢用纸张、木头、纸板等做手工，喜欢画画、折纸等。上小学之后，她开始喜欢阅读历史、科幻、侦探等题材的书籍和漫画。一直到上四年级之前，她在家里都没有出现什么特别的问题。可进入四年级之后，她在完成数学作业方面表现出强烈的抵触情绪，甚至开始出现拒不做作业的情况。

问题行为的整理

（1）服务对象在什么时候会发生怎样的行为？

当这个女孩放学回到家，母亲迎接她并说"你回来啦"时，她会大喊"烦死

了！"然后冲向她的母亲，拍打母亲的胸部或背部，甚至试图咬母亲。在出现这种行为时，她的表情通常会很严肃，而在没有出现这种行为时，她的表情则像往常一样温和。

（2）目前的应对方法

当这个女孩回家后立刻出现打人、咬人等行为时，母亲会按照预先制订好的应对方案处理。首先，母亲会无声地制止女孩打人和咬人的行为，然后，让她在指定的地方冷静下来，并在一旁观察她。如果在观察过程中女孩继续出现试图打人或咬人的情况，母亲就会从后面紧紧按住她，直到她平静下来。

（3）为什么会发生这种行为？

起初，母亲以为女孩可能是在回家的路上与同学发生了什么矛盾，所以远远地观察过几次，但是，母亲看到的是孩子们都很愉快的样子。此外，在女孩平静的时候，母亲曾询问女孩"发生了什么"，但女孩总是保持沉默，没有给出过明确的回答。

对于母亲提出的问题"你在回家的路上是不是遇到了什么事？"女孩会明确地回答"没有"，但是对于"你在学校里遇到了什么不愉快的事情吗？"这个问题，女孩会保持沉默。因此，母亲开始怀疑她在学校里遇到了一些事，于是向班主任老师询问。可是交流之后，母亲了解到的是孩子在学校里表现得很稳定，没有出现什么引起老师特别关注的情况。

然而，根据母亲的描述，这个女孩的确在回家后就会变得暴躁起来，于是，我参与了实地观察，看看女孩在学校里的情况，也询问了她关于"回家后情绪不稳定"的事，并请她母亲记录她回家后的表现。

基于得到的这些信息，我们推测她有可能对数学课有些厌恶。可是数学课每天都有，所以我们一时也无法完全确定，但还是有一些信息让我们的猜测更有依据了一些。例如，班主任老师报告说："在上数学课时，老师偶尔会要求学生与同桌同学互换作业本并相互批改，每当这个时候，这名女生就会流露出很厌恶的表情。还有，她有时会在数学课上直接说'我不懂'。"母亲报告说："与之前不同，她最近在家时会对做数学作业表现出明显的抵触，而面对其他作业时没有这样的表现。我也问过她'你是不是很讨厌数学？'她既不肯定也不否定。"此外，这个女孩自己也抱怨说："有的时候，我做数学题怎么也做不对。"

支持策略及内容

我与班主任老师、孩子的母亲一起协商，共同实施了以下支持方案。班主任老师告诉这个女孩："你最近回家后情绪不稳定。你如果在学校感到很累，那么每天可以去保健室休息一次。你只要在上课前告诉老师'我很累'就行。"这个女孩明确表示她接受这种办法。于是，从第二天开始，她就会在上数学课之前跟班主任老师说"我好累，想休息一下"。她几乎每天都会在上数学课时要求去保健室。不过这样一来，她回家后情绪不稳定的情况再也没有发生了。由此，我们也更明确了在数学课上的确可能发生了某些令她不快或者她很在意的事情。

不过，我们担心她这种频繁的逃课有可能会进一步加深她对数学的厌恶，所以，我们与校方进行了讨论。讨论的结果是我们可能需要对这个女孩提供个别化的指导。尽管这所学校当时尚未设置专门的资源教室，但校方还是特意为她建立了一套类似的指导系统，并准备为全校所有需要支持的学生都提供专门的个别化支持。于是，在上数学课时，这个女孩就通过"类似的资源教室"的教学指导获得了细致的个别化支持。渐渐地，她变得能够坦诚地向老师提问了，对数学的厌恶感也慢慢地减少了。

回过头来看，尽管我们一直不清楚这个女孩在数学课上到底遇到了什么问题，但问题似乎是从某个教学单元开始的。她从小就对"做不好"或"犯错误"之类的事情非常抵触，这也许就是问题所在。

案例⑩　身体一被触碰就暴躁

这个案例来自我为某中学的初中一年级普通班级的班主任老师提供的咨询服务。现将具体的支持内容及咨询过程中的考虑事项总结如下。

案例概要

服务对象是一名初中一年级男生，就读于普通班级。他之前在其他地区的小学就读，搬到本地时正好赶上4月份的新学年^①入学，因此，学校老师对他的背景信息了解甚少。

入学初期，这名男生并没有引起特别的关注，但从5月到6月这段时间内，他与同学发生了两次重大冲突。下文中我会详细介绍这两次冲突事件。

这名男生上课时不太积极，有时会发呆或打瞌睡，但他的学业成绩尚处于中等水平。性格上他表现得较为内向，但也并非毫不显眼，有时也会展现出强烈的正义感和领导能力。

此外，他能够积极地参加校篮球队的课后活动，据说表现得非常投入。他擅长运动，从小学起就开始打篮球，如今作为初中一年级学生，他在篮球队里有突出的地位，深得教练的认可。

在家庭方面，这名男生的父母已经离婚，他与母亲一起生活。因为他的母亲白天要工作，所以学校和家庭的沟通通常在傍晚或晚上进行。

问题行为的整理

这名男生与同学之间的冲突并不经常发生，一共只发生过两次，那之后再也没发生过。关于这两次冲突事件，我从这名男生、老师以及相关同学那里收集到了信息资料，整理如下。

---

① 译注：日本的新学年从4月份开始。

（1）第一次冲突

第一次冲突发生在科学实验课上。与这名男生在同一个实验小组的另一名同学想叫这名男生一起参与实验，在呼唤其名字时还触碰（轻拍）了他的肩膀或背部。于是，这名男生立刻回过头来，一边叫喊着"你住手！"一边冲着同学的脸打了一拳，导致对方鼻子出血，跌坐在地上。老师立刻来到这名男生面前，而他此时仍处于极度冲动的状态，对着老师大喊"你少烦我！你滚开！"之类的话，老师对他说"冷静一些"并试图抓住他的手臂，他却回敬道："你放开我，混蛋！"并击打老师的胳膊。老师一直试图用语言平息他的激动情绪，而他只是大叫着"你别碰我！"行为也升级成对老师的拳打脚踢。其他老师随即赶来，一起摁住他的四肢，大约过了15分钟，他总算平静了下来。当他的激动情绪平复时，他就像什么都没发生过一样坐回到自己的椅子上，也没有就之前的冲突向同学和老师道歉。

后来，班主任老师与这名男生一起进行了事件回顾（反思交流会）。这名男生始终表示自己记不太清事件的经过，对于自己打人和踢人的行为，他分别向受伤的同学和老师道了歉。然而，班主任老师认为他并没有进行深刻反省，因为放学后他依然像往常一样参加了篮球队的活动。

（2）第二次冲突

第二次冲突发生在英语课上。一名学生受老师委托分发小测验试卷，当走过这名男生身边时，那名学生不小心碰到了这名男生。这名男生一把抓住那名学生（与第一次发生冲突的对象并不是同一个人）的衣领，对其大喊："你别碰我！"由于想到了先前发生的冲突事件，那名学生表现得很乖巧，没有做出反抗。于是，这名男生的情绪也逐渐缓和下来，最后松开了抓住对方的手。老师也并没有上前去抓或触碰这名男生，只是问了一句："没事吗？"接下来，这名男生仿佛什么都没发生过一样继续上课。

在第二次冲突发生之后，老师对这名男生进行了事后指导。然而，虽然这名男生看上去对自己的语言和肢体上的暴力行为有些记忆，但回应时总是模糊地说自己"记不太清了"。

当然，学校工作人员也与这名男生的母亲进行了单独的沟通面谈。虽然我们在这里无法透露具体的内容，但可以确定的是，这名男生的家庭的确存在多方面的问题，而这可能也是冲突事件发生的背景因素之一。

（3）从服务对象那里直接获得的信息

我也找机会与这名男生进行了交流，但在交谈中，他并没有做出明确的陈述。为了找出他做出攻击行为的原因，我按照时间顺序与他确认了两次冲突事件发生的经过，以下是我和这名男生（学生）的对话（我提出的问题和他的回答）。

我："你记得自己打了对方吗？"
→学生："我想我是打了他，但记不太清了。"

我："在打他之前，发生了什么事情吗？"
→学生："大概是他嘲笑了我吧。"
→我："嘲笑了你，这具体是指他做了什么呢？"
→学生："我不记得了，但应该是我被嘲笑了。"

我："旁观者说，他只是轻轻地拍了一下你的肩膀，然后叫了你一声，是不是这样？"
→学生："我记不太清了。"

我："除了这次，还有其他让你觉得自己被人嘲笑的时候吗？"
→学生："嗯……说我的坏话，说我笨，嘲笑我……"

我："你最讨厌的被人嘲笑的情形是什么？"
→学生："……我不太想说。"

我："你以前打过别人吗？"
→学生："我觉得我并没怎么打过别人。"

我："你记得你打过老师吗？"
→学生："隐隐约约，好像记得。"

我："你知道自己和老师对峙了多长时间吗？"
→学生："大概5分钟吧。"

我："打人是对的还是错的？"
→学生："当然是错的。"

我："以后你会想办法避免再发生这样的事情吗？"
→学生："嗯……我想我会的，但我觉得对方也有责任。"

上个学期发生的这两次较大的冲突事件都源于轻微的身体接触。根据在场老师、同学及这名男生自己的描述，我进行了以下思考。

（4）在什么时候会发生怎样的行为？

这两次冲突事件的起因都是有其他学生轻轻地触碰了这名男生，而且我们从与这名男生的交流中也得知，他对于"突然被触碰"有较强的厌恶感。而在篮球比赛中的身体接触是他可以预测到的，他在这种情况下似乎没有出现过问题。因此，这名男生并不是对身体接触本身特别敏感，而是当自己突然被触碰时，他会认为自己好像受到了某种程度的"嘲笑"，这也许与他之前在学校和家庭中的经历有关。

（5）目前的应对方法

从第一次冲突事件中，我们可以看出，如果别人试图强行制止，这名男生会更加激动。因此，老师和同学们讨论了应对策略，认为与其采取激烈的对抗方式，比如"还击"或"斥责"，不如采取相对温和的处理方式。所以，在第二次冲突事件发生时，涉事同学选择了保持沉默，没有还击或回应，结果这名男生似乎也像突然泄了气一般（好像很快恢复了理智），松开了抓住对方的手，回到了原来的状态。

（6）为什么会发生这种行为？

针对上面的情况，我们用 ABC 框架分析做了如下整理：【A】突然被人触碰（厌恶感和愤怒情绪增强）→【B】打人（行为）→【C】厌恶感和愤怒情绪消失或减轻。然而，这里值得注意的是，如果我们对【B】的应对方式不当，则可能会导致攻击行为进一步升级，发展为更严重的冲突，比如，拳打脚踢、控制身体。

案例⑩的 ABC 分析

前提	行为	后果
○突然被人触碰 有"厌恶感"	○攻击触碰自己的人	○"被触碰"的感觉消失/中断 没有"厌恶感"

支持策略及内容

在这个案例中，我们面对的是一名中学生，他能够以对话的方式与他人进行一定程度的交流和协商。因此，我认为我可以与这名男生一起讨论为什么会发生这种行为，以及今后应该如何处理。首先，我需要确保他能够理解并认可我对问题的分析，然后，我们一起讨论具体的应对措施。于是，我再次找机会与这名男生进行了当面交流，以下是对话摘要。

我："你还记得前面那两次冲突吧，你打同学和老师的那些事情。"
→学生："我记得。"
→我："那是好事呢，还是坏事？"
→学生："那是坏事。"
→我："你希望不再发生这种事吗，还是觉得再发生也可以？"
→学生："我希望尽可能不要再发生这种事了……"
→我："那么，你为什么会打别人呢？"
→学生："嗯，其实……"
→我："虽然我也不知道你这么做的具体原因，但似乎你对'被别人触碰'这件事非常反感，或者说你不太擅长处理这种事，我认为这可能是冲突发生的原因。"
→学生："嗯……"
→我："你很讨厌被别人触碰吗？"
→学生："我也不太确定，但我一旦被别人碰到，就想要发火……"
→我："哦，是这样啊。"
→学生："……"
→我："那么让我们一起来想想今后该怎么办吧。"
→学生："嗯，好的。"

防止再次发生这类冲动行为

在那之后，我需要持续地定期与这名男生会面。首先，我们需要面对的是引发冲突事件的条件（被人触碰）。我带他开展了各种真实体验的尝试练习，比如，触碰他身体的不同部位，先和他对话再触碰他的身体，不出声地触碰，伴随着稍微严厉的话语的触碰，等等。练习完成之后，我询问了他哪些部位被触碰最容易让他感到不悦，并按照厌恶程度给每个部位排列顺序。

接下来，我询问了他"被触碰的经历"。虽然早期的"对刺激的感知觉过于敏感"也可能是问题行为发生的原因之一，但正如前文所述，他的"身体被触碰"的问题很可能与有"被人嘲笑"的经历相关，例如，被人用手指戳头等经历可能会引发他对被人触碰的极度厌恶反应。

此外，我带这名男生开展了很多次模拟练习，包括拍着他的肩膀叫他的名字，或者一起走路时故意碰撞他，等等。在这些练习中，我请他对自己的"愤怒程度"进行评分（最高为 100 分）。同时，在做模拟练习时，我还教这名男生运用握拳或者将手放入口袋的办法抑制自己的怒气，并引导他练习一边注视对方（在模拟练习中，我扮演"对方"），一边做深呼吸并放松全身。

行为发生后周围人的应对方法

对于这种发生得并不频繁，也不会连续发生的问题行为，最合适的应对方法也许是使用一般性的通用策略，而不必追求更为精准的应对方法。由于这种行为可能涉及情绪的爆发，因此首要任务是防止行为升级。一般来说，当一个人情绪激动时，周围人的表情或言辞都可能会加剧其激动反应。此外，我们最好避免周围存在可以被其踢打或抛扔的物品。有些孩子会在被紧紧压住时冷静下来，有些孩子会在被毯子或窗帘等包裹住时冷静下来，还有些孩子会在较为狭小而昏暗的地方冷静下来，等等。因此，提前与服务对象做好沟通，针对这些可以帮助他冷静下来的方法进行协商，也非常重要。

在本案例中，由于这名男生表示不希望自己在发怒时被别人盯着，因此，我们按其意愿在应对方法中增加了一项策略。另外，我带他做的那些模拟练习也取得了成效，同学们也尽量在冲突中不做出反应，他终于可以很容易地保持冷静了。

后来，虽然这名男生并非完全没再与他人发生类似的冲突，但周围人对应对方法的共同理解和运用，让他与同学之间的关系逐渐得到改善，他的母亲也与学校辅导员有了更多的沟通。

咨询和支持服务的要点与技巧

1. 咨询支持服务总结

在前文中，我详细描述了 10 个问题行为案例，通过对服务对象的行为进行观察，以及与服务对象及其相关人员进行交流和信息收集，我运用 ABC 框架分析对这些问题行为进行了整理和解读。以下是我对从案例分析中获得的重要思考方法的总结。

在案例①中，我们可以推测出该问题行为的功能是"逃避课堂"。这个案例的要点在于，我们将可能具有强化物功能的后果看作行为的增强因素（用"+"表示），将可能具有厌恶刺激功能的后果看作行为的减弱因素（用"–"表示）。运用这样的分析方法能够更好地帮助我们理解行为。我们不主张一开始就武断地认定某个后果是增强因素还是减弱因素，而应该根据实际的情况做判断。另外，如果某个问题行为得到维持，那么这个行为要么获得了某种"+"的因素，要么消除了某种"–"的因素。虽然在某些情况下，我们可以做出相对准确的推测，但很多时候，我们只能做出大致的猜测。因此，与其匆忙下结论，不如多考虑一些可能性，这在咨询服务中非常重要。

在案例②中，我们可以推测出该问题行为的功能是"获得物品/参与活动"。这个案例的要点在于，我们为服务对象设计了具有等价功能的替代行为，并为此制订了阶段性的指导计划。有些替代行为可能很容易理解或掌握，但是对于幼儿或者发育障碍人士来说，可能就需要我们提供语言提示、动作示范，并帮助他们积极练习。因此，在这个案例中，我们首先引导服务对象和老师开展练习（第一步），然后引导可以与其合作的小伙伴做支持练习（第二步），最后在能够开展自由游戏的环境下开展练习（第三步）。当然，在第三步中，我们需要彻底地针对问题行为和适当的替代行为做好差别强化的支持方案。

在案例③中，我们可以推测出该问题行为的功能是"逃避/回避"。服务对象被人抱怨"突然发脾气"，这在咨询中是常见的事，但实际上，在大多数情况下，问题行为绝不是"突然"发生的，只不过周围人觉得"太意外、太突然"了，对其原因感到费解。在这种情况下，我们应该坚持从 ABC 框架分析的角度重新审视服务对象的行为。此外，如果服务对象有沟通能力，那么我们要鼓励他将其"内隐行为"用语言表达出来。在这个案例中，服务对象很可能遇到了一系列微小的不愉快事件（无法按照自己的意愿完成任务或者任务进展不顺利）。不愉快事件的逐渐积累，在行为分析里叫作"建立型动因操作"，随后在某些刺激事件的触发下，服务对象就会以"大发脾气"这种情绪爆发行为表现出来。在这种情况下，更加实际的解决方案是我们继续了解存在的不愉快事件及事件的细节，进而尝试对那些事件的细节加以可能的改善，对问题行为进行矫正。

在案例④中，我们可以推测出该问题行为的功能是"获得感官刺激（自我刺激）"。这个案例有三个要点。第一个要点是改进授课方式。在这个案例中，服务对象的问题行为似乎只发生在语文课的阅读理解环节，因此我们最好对这个课程的教学内容做出一些调整或改进。第二个要点是通过增加服务对象除"玩口水"之外的其他感知觉游戏，提高他的感知觉游戏能力，同时还要扩展他的非感知觉游戏的能力范围。这两点在本书前面已经提到，它们是提供支持的重要基础内容。第三个要点是关注对其他孩子的影响。教室里不仅有服务对象一个人，还有其他许多孩子，每个孩子都很重要。我们希望每个孩子都能培养出关心他人的品质。然而，"友善和关心他人"并不意味着无条件地包容或容忍周围的人做任何事情。事实上，"玩口水"的行为的确会对旁边的同学产生较大的不良影响。因此，我们应该引导周围同学掌握一些应对方法，例如，让看到的同学提醒服务对象"用手帕擦一下"。

在案例⑤中，我们可以推测出该问题行为的功能是"获得关注"。这个案例的要点在于，由谁引导服务对象在何种场合、如何运用正确的社交技能，尤其是与异性交往的技能。在这种情况下，很多人通常会考虑"禁止服务对象接近某个特定的女生"，并采取监督管理的应对措施，甚至设置限制性物理条件，让其无法接近那个特定的女生，例如，在休息时间里要求服务对象去办公室帮助老师做事。虽然这些办法并非完全不恰当，但我们还需要考虑到服务对象未来总归要学会如何与异性适当相处，这也是他理应享有的权利。因此，在尊重服务对象的意愿的基础上，我们需要找到妥善的、折中的解决方案。

在案例⑥中，我们可以推测出该问题行为的功能是"获得物品/参与活动"。这个案例的要点在于，服务对象一旦无法得到自己所需的物品就会发脾气，而只要满足了他的要求，他就不会发脾气。正因如此，家人通常倾向于满足他的需求，以避免问题行为的出现。在这个案例中，虽然家长采用了"不同意他的要求"这一应对方法，但我认为他们可能心存怀疑。因此，在对问题行为提供支持服务的同时，很重要的一点是为受问题行为影响的人提供支持。例如，当我们向家长提建议说"您这样做可能会更好"时，他们通常会反驳说"明明是我儿子做了坏事，你为什么要我做出改变呢？！"这种心情我完全能够理解。因此，我们还应该为家长提供充分的咨询服务，帮助他们了解支持方案的理论，帮助他们创造更适合支持方案实施的环境，让他们看到支持方案实施的短期效果。虽然这些任务具有一定的难度，但我认为它们可能是"咨询支持服务的关键"。

在案例⑦中，我们可以推测出该问题行为的功能是"逃避不顺利的状态"。这个案例的要点在于，情绪爆发带来的影响很大。在这个案例中，虽然服务对象发脾气的行为（喊"我不玩啦！"或者扔掉高跷）起到了"逃避"的作用，让他能够从失败（无法完成任务或出错）的活动中暂时脱离出来，但他的这种情绪爆发会带来很多更大、更长远的影响。我认为有必要先采取一些应对措施，帮助他冷静下来。在服务对象从因无法完成任务或出错而情绪激动中冷静下来后，我们最好能引导他自己通过开展 ABC 分析了解问题行为发生的原因。这样做有助于改变他对引发行为的前提刺激（失败或出错）的看法。在提供这样的支持时，我们可以带着服务对象一起思考"以后该怎么办"，并与他讨论在情绪激动时有哪些可以让自己冷静下来的办法。此外，考虑到服务对象自己其实很想做得更好，因此，我们在教他踩高跷和玩剑玉时，需要重点帮助他逐渐提高技能水平，这也是一种很重要的应对方法。

在案例⑧中，我们可以推测出该问题行为的功能是"逃避不喜欢的食物"。这个案例的要点在于，要应对这样的挑食行为，我们可以采用的方案有很多。在这个案例中，我们提出了六种不同的方案并进行了讨论，最后确定了其中最合适的一种方案。原则上，选择何种支持方案应该由熟悉服务对象和班级情况的人来做决定，但是需要考虑服务对象自己、家长及班主任的看法。这也是前文提到过的支持方案要与环境相匹配。然而，比这更重要的是技术上的匹配，也就是说，要有与理论原则相匹配的具体操作方案。

在案例⑨中，尽管我们没有对该问题行为做 ABC 分析，但是我们猜测该问题行为的功能很可能是"逃避数学课上的某个刺激因素"，只是由于缺乏足够的信息，我们难以推测究竟是数学课上的什么因素诱发了问题行为。这个案例的要点有两个。第一个要点是，即使只有有限的信息，我们也可以根据这些信息来考虑处理"逃避"行为的方法。第二个要点是，我们需要认识到，即便在时间上有较长的间隔，在物理空间上有较远的距离，如学校、课后服务机构和家庭，它们之间也会相互影响。例如，服务对象可能会出现"在校很暴躁，但在家里不暴躁"的情况，或者出现相反的情况。这是因为在不同的场合或情境中，人们改变自己的行为是很正常的现象。此外，之前发生在某个地方的事件（经验）可能会影响之后在另一个地方发生的情况，导致在另一个地方出现问题行为，之前的事件（经验）可能会成为问题行为的"建立型动因操作"。在这种情况下，单单在问题行为发生地进行行为依联分析或制订应对方案，有时很难解决问题，而应提供更好的解决方案，比如，我们让几方人员共同分享相关信息。

在案例⑩中，我们可以推测出该问题行为的功能是"逃避被人触碰"。这个案例的要点在于，解决问题的方式是咨询师直接为服务对象提供咨询支持。本书开篇部分介绍过，从咨询的原本定义来讲，虽然咨询师往往不直接面对服务对象（学生），但在一些实际支持中可能需要直接面对。我作为咨询师能够与服务对象进行面对面的交流，这对有效解决问题的确是一个更为积极的因素。对于涉及发育障碍青少年或成人的咨询服务，很多情况下需要我们采用这种直接沟通的工作方式。在这种情况下，从服务对象那里直接收集信息，了解与问题行为相关的 ABC 框架，并与服务对象共同商讨应对方案，都是非常有用的方法。

2. 为发育障碍人士提供咨询支持服务的技巧

关于为发育障碍人士提供咨询支持服务，我总结了一些沟通技巧。以下是我总结的针对发育障碍儿童的咨询服务方面的内容（井泽信三，2015），供大家参考。

问题解决的过程是怎样的?

问题不在于服务对象本人，而在于其行为或者环境。发育障碍人士可能会表现出问题行为，例如，他们可能会执拗地要求与他人一起玩耍，不管人家愿不愿意。对此，我们需要引导服务对象做出适当的行为。此外，对服务对象处于某种困境中而出现的问题行为，例如，当他被强迫承担不属于自己的工作时，我们需要引导他解决自己所面对的困难。做这样的引导，需要咨询师与服务对象本人当面交流，帮助他理解并认同我们给出的解决方案。然而，由于发育障碍人士往往存在沟通方面的障碍，这种交流可能难以成功。为此，我总结了以下交流技巧。

解决问题一般需要多个步骤，我对最常见的解决过程进行了提炼，将其简化为以下 5 个步骤。

步骤① 思考"问题是什么"

首先，引导服务对象自己思考：在当时的情况下自己的行为存在怎样的问题。很多时候，服务对象有可能会正确地回答并认识到问题所在，但也有一些发育障碍人士可能只给出"我没有错"的回答，他们中有的人往往真的认为自己没有错，还有的人可能会认识到自己有些问题，但不肯承认。无论哪种情况，我们都需要引导他们对行为的问题所在有正确的理解。

步骤② 考虑"接下来怎么办"

接下来，我们要引导服务对象思考解决问题的方案（思路）。对于发育障碍人士，解决方案的种类和数量可能会很有限，而且一些解决方案有可能不符合社会常规。为了拓宽思路，我们可能需要在小组中进行讨论，引导他们思考出更多种解决方案，这点很重要。

步骤③ 推测解决方案实施的结果

对于在步骤②中提出的几种备选的解决方案，我们需要做出预测，推断每种解决方案在实施过程中可能存在的利弊。在这一步骤中，我们需要考虑服务对象之外的人的视角。

步骤④　由服务对象选择解决方案

在步骤③中考虑了各种解决方案的利弊之后，我们可以请服务对象做出选择，尊重他们的意愿，让他们选择自己认为最适合的解决方案。

步骤⑤　确认在解决方案实施过程中的关键点

在实施选定的解决方案时，我们需要一起确认实施步骤的具体细节和注意事项，以确保顺利开展，降低失败风险。

下一页提供了一份《问题解决工作表》，咨询师可在与服务对象进行当面交流或者组织小组讨论时参考使用。

与服务对象当面交流以解决问题的沟通技巧

（1）建立信任关系

在日常生活中，我们可以通过不断地认可服务对象并肯定他的努力来建立信任关系。当他面对自己不擅长的事情时，我们可以先解释，再提供帮助。这里需要特别强调的是，有时候，我们需要告诉服务对象："你并不是自动获得帮助的，我们是在帮助你完成你不擅长的事情。"

此外，当问题行为出现时，我们一般会把服务对象请来，询问他："你做了什么？你为什么这样做？"这时，我们应该认真倾听他自己的说法，而不要完全否定他。我们要让服务对象感受到"我的话被听到了，我的意思被理解了"。

例如，服务对象出现了攻击同学的问题行为，我们询问其原因，他回答道："那家伙用一种嘲笑的眼神看着我。"当然，实际情况可能是，那个"家伙"其实是一个关心他的好同学。那么，此时我们听到服务对象的说法，很可能会自然地认为"那个同学怎么可能会这样嘲笑你，你肯定误会了！"但是，我们不应该在此时此刻否定他，而应先对他的说法表示尊重："你觉得自己被嘲笑了，这样的事情发生过很多次吗？从什么时候开始的？"然后，我们可以对服务对象说："我理解你的意思了（或者原因）。接下来，我想请你听一听我的意见。首先，你打的那个同学是不是真的用嘲笑的眼神看着你，这一点我们可以直接问问他，有可能他并没有那么看你。其次，就算他真的那样看你了，你打他就是对的吗，还是说打他不对呢？"

问题解决工作表——"让我们大家一起思考！"

请填写"让自己感到困扰的事情"

▼

步骤① 思考"问题是什么？"

▼

步骤② "接下来怎么办？"列出解决方案		
方案1	方案2	方案3
★其他人的意见		

步骤③ 思考"每种解决方案的优点/缺点"		
优点	优点	优点
缺点	缺点	缺点
★其他人的意见		

▼

步骤④ 选择一种"下一步尝试实施的解决方案"
选择一种方案（画圈）

▼

步骤⑤ 关于"下一步尝试实施的解决方案"，列出注意事项

另外，有些关键的用语可能会破坏问题解决的沟通进程，导致服务对象生气，或者让他认为"与你对话没有意义"。例如，"你不要撒谎""你不要找借口""你不要一而再再而三地干出同样的事情"，这些都是许多孩子不喜欢听到的否定性用语。这些需要避免使用的词句往往涉及对孩子的过往经历的评论，我们在实际沟通中对此要有更多了解，谨慎使用相关词句。

此外，有些孩子可能会非常乐意听从特定人物（如班主任老师）的指令，或者对某些人格外尊敬（如校长）。那么，在某些情况下，我们可以让这些人物作为交流的关键人物，位于中心地位。

(2) 在咨询过程中妥善处理由发育障碍导致的交流困难

由于服务对象的障碍特性，他们有时会出现"反反复复地说同样的话""讲述的内容偏离主题""当场情绪失控"等情况，这很可能会导致交流无法顺利开展。因此，我们在为服务对象提供当面咨询支持时，需要注意以下几点。

○（咨询师主导对话时）在对话开始之前，我们可以先通过视觉提示展现今天将要开展的谈话内容，并明确标出时间和流程（几点开始，几点结束）。

○（听服务对象讲述时）我们可以请服务对象列出今天自己想要讨论的 2～3 个话题及分配给每个话题的时间。

○在交谈的同时进行书面记录，我们可以对谈话的内容做"可视化处理"，以便双方都能更清晰地理解谈话内容。

○在讨论过程中，我们应针对具体事件或情节进行沟通，而不对抽象的事物开展对话。

○当服务对象的讲述偏离主题时，我们可以向他展示当时的书面记录（双方的发言内容），从而帮助他重新聚焦，并提示他"让我们回到这个话题吧"，推动针对主题的交流。

○当服务对象反反复复地讲述相同的内容时，我们同样可以展示已记录下来的书面内容（包括双方的发言内容），并提示他"这个话题我们刚才讨论过了，现在我们继续下一个话题吧"。

○在服务对象情绪激动时，我们自己不要慌张，既不做出有肯定意味的举动，也不做出有否定意味的举动，以沉着冷静的态度面对。如果他的情绪特别激烈，我们可以设法让他先冷静下来，待他情绪平复之后，再引导他复盘刚才出现的混乱（panic）情况。

（3）利用视觉提示的图片和流程图

我们在与服务对象开展对话交流时，除了做口头上的沟通（对话），还可以将双方的发言内容记录在纸上，这有助于我们通过"视觉提示"的方法整理双方的语言交流内容，同时可以作为记录保存。这样一来，如果后期需要进行回顾，各方相关人员就可以共享这些记录的信息，有了这些信息，还可以避免一些回溯不清的情况发生，比如，提供支持的人员或者服务对象对于某件事或某个观点当时到底"是说了还是没说"的纠缠。

（4）尊重本人意愿，由服务对象做出选择

如前文所述，我们要了解服务对象看待问题的立场（或者原因），这对于加深彼此的理解至关重要。在决定"接下来怎么办"或者从多种方案中做出选择的时候，我们要尊重服务对象本人的意愿。

当然，有时服务对象无法表达（或者不能很好地表达）自己的想法。在这种情况下，我们应该向他呈现几种可行的方案，如 A 方案和 B 方案，甚至更多，请他做出选择。如果服务对象无法做出选择，那么我们可以让他给 A 方案、B 方案或 C 方案评分。例如，对于一个不太乐意去学校的孩子，我们可以采用以下方法：首先询问他是否愿意去学校，如果他表示愿意，那么再问他更愿意去学校的哪个地方，我们可以给他举出某些具体的学校场所和学校活动的例子，并请他进行排序，或者只要求他说出自己不喜欢的场所或活动，也可以通过二选一的方式，让他做出对比排序。

（5）提供选项并讲解其优缺点

对于提出的几种可供选择的解决方案，我们很重要的一项支持任务是考虑并引导服务对象了解方案实施的过程中可能存在的优缺点。这些优缺点可能包括普遍的情况，也可能还有服务对象特别关注的情况。我们在这里所说的优点，是指方案带来的具有强化价值的事物。

普遍情况下的优缺点，应当作为社会常识，由我们在讲解中传达给服务对象。然而，这种普遍情况下的优缺点有可能难以引起发育障碍儿童的共鸣，或者根本无法让他们接受，因为对服务对象来说，有一些刺激的普遍价值在他们身上可能并不适用。在这种情况下，我们需要处理的一个问题就是如何以符合服务对象个体的价值观的方式与其进行沟通，关于这点，我会在下文做进一步介绍。

此外，在针对不同方案的优缺点的讨论中，我们要鼓励服务对象自己"表达"或"倾诉"，这样有助于提高他们的参与度。

(6) 以符合服务对象的价值观的方式向其传达和讲解我们的建议

发育障碍人士往往对他们认为有价值的物品、事件和活动有着自己的特定的固有看法。因此，服务对象可能会自发地参与他们"自己认为重要的事情"，不需要太多指示，他们就会努力地了解和牢记相关信息，有时即便面临困难也会全力克服。例如，一个喜欢高铁的孩子会主动了解并熟记与高铁相关的信息，即使他原本并不喜欢早起，可能也会因为要去坐高铁而早早起床。尽管我们大多数人都会对自己喜欢的事物充满热情，但是发育障碍人士往往在这方面表现得更为极端，尤其是孤独症谱系障碍儿童，他们"喜欢"和"珍视"的事物很有限，而"不关心、不在意，甚至讨厌"的东西却很多。

那么，对于这样的服务对象来说，哪些事物是具有"价值"并可以为之努力的呢？这个"喜欢"和"珍视"的类别可能包括"喜欢的事物（如动漫角色、历史等）""兴趣爱好（如坐火车、玩游戏等）""梦想和生活目标（如从事与计算机相关的工作）"等。我们只有深入了解服务对象，才能更好地把握其"喜欢"和"珍视"等价值观，并在与其交流的过程中有针对性地运用。这是一个非常重要的视角。

(7) 寻找现实的接入点和妥协点

通常情况下，解决问题的方案须适合当前的环境（社区情况、学校情况），但有的时候，我们可能需要对环境做出较大的改变，以便更好地解决问题。换句话说，在很多情况下，我们有必要找到解决方案的落脚点（接入点和妥协点）。

以处理情绪激动这种情况为例，我们有很多方法可以选择。例如，我们已经知道在大多数情况下，在服务对象发脾气之前，我们应该进行一些降温处理，比如允许他到其他房间去休息，这种方法如今已经被广泛接受。但是，有一些服务对象可以通过在笔记本上记录自己讨厌的事件，或者击打专门放在附近的不倒翁，在现场释放自己的不快，防止过度激动，帮助自己度过当前的困难时刻。我们不应该固执地认定某种方法"绝不会被社会认可"。从某种意义上来说，我们应该认识到，为了支持服务对象的特定的生活方式，我们需要找到接入点和妥协点，并对环境做出相应的改变，这也是一项非常必要的支持。当然，解决方案并不是固定不变的，服务对象自身和周围的人都需要不断努力，我们会通过指导、支持和实际处理等工作，逐步找出更为合适的解决方案。

以上说的只能算作"策略"，我们在为发育障碍人士提供服务时，应根据实际情况灵活运用相应的方法，完全照搬的话，未必能带来良好的支持效果。我们在与每一位服务对象真诚互动的过程中，非常需要根据个别化的情况灵活调整解决方案。

参考文献

Durand, V. M. & Crimmins, D.（1992）. Motivation assessment scale. Topeka, KS: Monaco. & Associates.

平澤紀子（2003）．積極的行動支援（Positive Behavioral Support）の最近の動向－日常場面の効果的な支援の観点から－．特殊教育学研究，41（1），37-43．

井澤信三（2015）． 図解でわかる「コミュニケーション支援のきほん（6回連載）」．実践障害児教育・学研．

井澤信三（2017）．「行動の問題」の理解と対応～事例から考える～（12回連載）． 発達教育（公益財団法人発達協会）．

井澤信三（2019）． ABC分析による行動アセスメント．橋本創一ら編著．特別支援教育の新しいステージ：5つのIで始まる知的障害児教育の実践・研究．福村出版．86-87．

井澤信三（2020）．行動分析学からの多様性へのアプローチ．「学びをめぐる多様性と授業・学校づくり」．宇野宏幸・一般社団法人日本LD学会第29回大会実行委員会編．金子書房．

加藤哲文（2012）． 行動面の指導．S.E.N.S.セミナー「特別支援教育の理論と実践」．金剛出版．

Michael, J.（1993）． Establishing operations. *The Behavior Analyst*, 16, 191-206.

小野浩一（2005）．行動行動の基礎：豊かな人間理解のために．培風館．

O'Neill, R. E., Horner, R. H., Albin, R. W., Sprague, J. R., Storey, K., and Newton, J. S.（1997）. *Functional Assessment and Program Development for Problem Behavior: A Practical Handbook 2nd Ed.* Brook/Cole Company.

小笠原恵（2010）．発達障害のある子の「行動問題」解決ケーススタディ―やさしく学べる応用行動分析．中央法規出版．